新 経営分析の卵

小田正佳

入門書を読む前に読む本

税務経理協会

まえがき

　本書は財務分析に力点をおいた経営分析の入門書です。
　正確には『入門書を読む前に読む本』であり，「なぜ」という点にこだわりました。経営分析を扱った類書には，「なぜ，そうした分析が必要なのか」という点についての説明が充分でないまま，一定の枠にはめた分析手法を次から次へと羅列しているものも少なくありません。
　しかしながら，「なぜ」という本質的な部分が正しく理解できていないと，具体的な事例を前にして応用動作がきかないばかりか，問題の所在すら的確に把握できないこともありえます。
　逆に，仔細(しさい)な分析手法が網羅的に頭に入っていなくても，「なぜ，そうした視点からの分析が必要なのか」がきちんと理解できていると，読者自身がそれぞれの経験に照らしながら対象とする企業の内容を案外正しく判断することができるものです。
　企業の現在の姿は創業時からの業績の積み重ねであり，ひとつとして同じ内容のものはありません。これは，人間の体がひとりひとり異なり，ひとつとして同じものがないのと同じです。
　人間の体を診断する医師が，一定の理論を学んだ後は臨床経験を多く積むことによってその能力を高められるのと同様に，企業の状態を診断する場合も，一定の理論を学んだ後は数多くの事例にあたることが大切です。このさい，最初から精緻な理論を網羅的に理解している必要はありません。「なぜ」という点を中心に骨格部分の理屈がわかっていれば充分なのです。まさに「習うより慣れろ」です。

こうした考え方のもと，本書では多くの事例にあたるうえで最低限知っておきたい点だけを厳選して取り上げたつもりです。内容の吟味にさいしては，ビッグバンに代表される規制緩和の進展や，経済のグローバル化といった時代の大きな流れに特に配慮しました。

　したがって，「入門書を読む前に読む本」とは言いながら，ＲＯＥ，キャッシュ・フロー，連結など最新のテーマにも多くの紙面を割いています。やや難解な部分も含むテーマではありますが，時代の流れを考慮すれば重要な部分ですので，平易な表現でわかりやすく説明したつもりです。解説にあたっては，本質的な幹の部分が影絵のように浮かび上がるよう，付随する枝葉の部分を大胆に削りました。最低限度の基本動作を学んだ後は，読者自身がそれぞれの事例に固有の要素も考慮しながら，独自の分析手法を確立できることが理想だからです。

　財務諸表の成り立ちや基本構造についてはある程度理解できている方を想定して解説していますので，財務諸表の基本にあまり馴染みのない方や不安のある方は，拙書『簿記の卵』および『財務諸表の卵』を先にお読みいただくことをお薦めします。

　本書が，これまで「経営分析に興味はあっても，どうもとっつきにくい」と感じていた方々に，経営分析に親しむ何がしかのきっかけを提供できれば，筆者にとって望外の幸せです。

1998年8月

小　田　正　佳

説明の分かりやすさと読者がつい自分で考え始めてしまう表現の巧みさが，小田さんの「卵シリーズ」の特徴です。

　小田さんが2004年2月に急逝された後，小田さんの努力の成果を，新たな入門者の方のために永く残せるよう，私たちは改訂のための加筆を行いました。その中で，私たちは本書の鮮度の維持だけに努め，小田さんのめざしたものを損なわないよう，最大限気を配りました。

　2005年5月

公認会計士　　　西川郁生
米国公認会計士　　大場潤一
米国公認会計士　　石村雅子

も　く　じ

まえがき

第1章　分析にあたって

① なにが見たいのか
- ♪目的はなにか …………………………………………………2
- ♪どこを重点的に，優先的に見るか …………………………3
- ♪本書の構成 ……………………………………………………5

② 大きく見て小さく見る
- ♪全体像をつかむ ………………………………………………6
- ♪徐々に小さく見ていく ………………………………………8

③ 長く見て短く見る
- ♪流れを見る ……………………………………………………10
- ♪グラフを活用する ……………………………………………14

④ ヨコから見てタテに見る
- ♪世間の常識と比較する ………………………………………16
- ♪人との違いがわかると話が早い ……………………………17

⑤ 外から見て内を見る
- ♪表面を見て中身を見る ………………………………………18
- ♪問題の隠れ家は決まっている ………………………………20
- ♪この章のまとめ ………………………………………………22

第2章 「元手の活かされ方」を見る

① なぜ見るのか
- ♪企業活動の根源 …………………………………… 24
- ♪どのぐらい効率よく儲けているか ……………… 26

② 着眼点を整理する
- ♪ROEとは？ ……………………………………… 27
- ♪ためしに算出してみよう ………………………… 30
- ♪経営風土の違いとROE ………………………… 32
- ♪ROAとは？ ……………………………………… 33
- ♪ためしに算出してみよう ………………………… 37

③ 着眼点の理解を深める
- ♪資本構成の違いとROE ………………………… 40
- ♪収益性と安定性の見合い ………………………… 43
- ♪分析作業は多面的に ……………………………… 45

第3章 「儲けの中身」を見る

① なぜ見るのか
- ♪分析作業の多面性 ………………………………… 48
- ♪成長の源 …………………………………………… 49

② 着眼点を整理する
- ♪貸借対照表と損益計算書の関係 ………………… 50
- ♪利益計算の損益的アプローチ …………………… 52

♪利益計算の財産的アプローチ ················· **54**
　♪ふたつの利益計算アプローチの特色 ············ **56**
　♪試算表の重層構造 ························· **57**
　♪儲けを階層別に整理する ···················· **60**
　♪利益の源「売上高」 ························ **63**
　♪もっとも重要な「売上原価」 ················· **64**
　♪競争力の鍵を握る「売上総利益」 ·············· **68**
　♪売上総利益と販売管理費の関係 ················ **70**
　♪利益の中身を見ることは経費の中身を見ること ··· **73**
　♪「営業利益」と「経常利益」 ·················· **76**
　♪「特別損益」と「税引前利益」 ················· **79**
　♪税金と「当期純利益」 ······················ **80**

③ 他の留意事項を整理する
　♪再び「長く見て短く見る」ことの意義について ··· **81**
　♪売上原価の自己復元作用 ···················· **84**
　♪「利益の中身」いろいろ ····················· **87**
　♪1株あたりの利益 ·························· **89**

第4章 「財産の持ち方」を見る

① なぜ見るのか
　♪会社の安全性を見る ························ **94**
　♪会社の支払能力を見る ······················ **96**

② 着眼点を整理する
　♪資本構成が適当か ·························· **98**
　♪支払能力があるか ························· **102**

♪より厳しくチェックする ……………………………… 108
♪財務構造が安定しているか ……………………………… 113

③ 着眼点の理解を深める
♪資本構成の適否を別の角度から見る ……………………………… 120
♪借入金への依存度を見る ……………………………… 121
♪利息の支払余力を見る ……………………………… 124
♪借入金の金利水準を見る ……………………………… 128

第5章 「財産の中身」を見る

① なぜ見るのか
♪表面と実態の乖離をつかむ ……………………………… 132
♪おのずと限界はある ……………………………… 133

② 着眼点をおさえる
♪問題の隠れ家は決まっている ……………………………… 134
♪こんな勘定科目が危ない ……………………………… 136

③ どう検証するのか
♪中身を確認できれば話は早いが ……………………………… 143
♪実態との乖離を完全に検証できる方法はない ……………………………… 144
♪社会の大きな流れを理解する ……………………………… 145
♪関係する勘定科目間の相関関係に注目する ……………………………… 147
♪回転率をチェックする ……………………………… 148
♪基本動作の実践 ……………………………… 150
♪リースのオフバランス効果 ……………………………… 155
♪関係会社との取引には特に注意する ……………………………… 157

もくじ 5

第6章 「金の流れ」を見る

① なぜ見るのか
- ♪損益と資金の流れは別物 …………………………… **160**
- ♪経営指標としても重要 ……………………………… **161**
- ♪株価予想にも使われる ……………………………… **163**

② 基本動作をモノにする
- ♪鍵を握る3つの要素 ………………………………… **164**
- ♪利益／損失による資金調達・運用効果 …………… **165**
- ♪非資金費用による資金調達効果 …………………… **166**
- ♪B／S科目の残高変化による資金調達・運用効果 … **167**
- ♪「必要運転資本」とは ……………………………… **171**

③ 実際に計算してみる
- ♪損益計算書と貸借対照表を眺めながら …………… **176**
- ♪当期純利益の確認 …………………………………… **180**
- ♪非資金費用を抽出する ……………………………… **182**
- ♪必要運転資本を算出する …………………………… **184**
- ♪必要運転資本の増減を確認する …………………… **187**
- ♪キャッシュ・フローを算出する …………………… **189**

第7章 「グループの力」を見る

① なぜ見るのか
- ♪経済的な実態に合わせて …………………………… **192**

♪ 国際的な流れ ……………………………………… 194
② 基本を知る
　　♪ 財務諸表の連結処理について …………………… 195
　　♪ 読み方の基本 …………………………………… 199
③ 他の留意事項を知る
　　♪ 連結の「特例会社」に注意する ………………… 203
　　♪ 連結の「時差」に注意する ……………………… 206
　　♪ 連結の「中身」に注意する ……………………… 207

第8章　作業をふりかえって

① モノサシのあるべき姿
　　♪ 時代とともに変わるモノサシ …………………… 210
　　♪ 業容によって変わるモノサシ …………………… 213
　　♪ モノサシはひとつだけでない …………………… 214
② 分析の限界を知る
　　♪ 制度としての限界 ……………………………… 216
　　♪ 時代の変化に追いつけない …………………… 217
　　♪ グローバル化の中での限界 …………………… 218
③ 本質を理解する
　　♪ 企業活動の本質を理解する …………………… 220
　　♪ 経済社会の変化を見失わない ………………… 222
④ 習うより慣れろ
　　♪「覚える」のでなく「慣れる」 ……………………… 225
　　♪「苦しむ」のでなく「楽しむ」 ……………………… 226

あとがき ……………………………………………… 227

第1章
分析にあたって

■ 経営分析の手順 ■

経営分析は仮説をたて検証することの繰り返しです。この章では，おもに仮説をたてるうえでの留意点を解説します。

 **なにが見たいのか**

目的はなにか

　経営分析に限らずどんな仕事でも，作業を効率的に進めるためには**作業開始前にその目的を明確にすることが大切**です。目的をはっきりさせることにより，目的を達成するために必要な作業とそうでない作業の区別が容易になるとともに，**作業の優先順位が明らかになるから**です。

　ひとくちに「経営分析」と言ってもその内容は千差万別です。自分が投資しようとする企業が将来どの程度成長する見込みがあるか，あるいはどのぐらい多くの利益をあげる力があるか，自分の取引している企業が当面代金を支払う力があるか，今後とも取引を続けていくうえで将来的な安定性に問題はないかなど，分析の主眼は多岐にわたります。

　これら「なにを見るのか」「どんな情報を得るのか」という目的により必要な作業，および作業の優先順位も異なります。

　したがって，**限られた時間でより多くの成果を得るためには作業の目的を明確に**することが重要になるわけです。

どこを重点的に，優先的に見るか

「経営分析」をするための材料にはさまざまなものがあります。
・財務諸表
・経営者との面談
・従業員との面談
・取引先との面談
・店舗や工場など施設の実査
・業界動向の調査
・競合他社の調査など

ただし，分析をする人の置かれている立場により，必ずしもすべての材料が手に入るわけではありません。また，時間的な制約によりできる作業に限りがある場合もあります。

会社内部の人間が自社の状況を分析する場合，一般的にはデータに不足はないはずです。

一方，外部の人間が調査をする場合には，置かれている立場により手に入るデータは異なります。会計監査等公式な立場で調査をする場合には，会社側に故意に隠す意図がなければ基本的にすべての生データが手に入るはずです。が，一般の投資家にとっては，公表されている有価証券報告書（財務諸表を中心とした決算報告書）しか手に入らない場合もあります。

本書では，外部の立場，しかも基本財務諸表しか手に入らないという前提での分析を中心に解説します。前提条件の違いにより分析の手順も異なるからです。また，財務諸表の分析は広い意味での経営分析のほんの一部にすぎませんが，もっとも多くのことがわかる手法であ

るのも事実です。

「財務諸表しか手に入らない」といっても，そこには実に多くのデータが含まれています。特に数年分の財務諸表をまとめて見ようとすれば，全体を眺めるだけでも長い時間がかかります。

そこで経営分析のノウハウが重要になるのです。

経営分析の入り口でもっとも大切なのは，「**大量のデータの中から，どこを重点的に見るか，優先的に見るかを判断すること**」です。つまり「仮説を立てること」と言えます。仮説さえ立てられれば，あとは「検証の仕方」を学ぶだけのことですから。

言葉は適当でないかもしれませんが，「**いかに楽に経営の実態を把握する術を学ぶか**」が経営分析学習の基本と言えます。

本書の構成

　以上のような考え方を基本とする本書は，次のような構成となっています。全体の構成があらかじめ頭に入っていれば流れがより理解しやすくなるはずですので，参考までにまとめておきます。

本書の構成

第1章　　　「仮説を立てるうえでの留意点」について

第2～7章　　「仮説をどう検証するか」について

第8章　　　「その他の知っておくべき点」について

 ## 大きく見て小さく見る

 全体像をつかむ

　「木を見る前に森を見る」という話です。
　これも物事を判断するうえでは常に必要とされることであり,「経営分析」に限ったことではありません。眼の不自由な人が象の背中を撫でて全体の姿を判断することが難しいのと同様に,一部分から全体を想像するのは難しいことです。と同時に,**全体像をつかむまえに細かい点に目を奪われると,仮説の立て方を根本的に誤ることになりかねません。仮説の立て方を誤ると,分析そのものの結果が的外れになる危険が大きくなるだけでなく,結果的に無駄な作業を多く強いられることになりかねません。**
　頭痛を訴えている人を前にして,足の筋肉に異常がないかどうかを入念に調べても無意味であるばかりでなく,無駄な時間と労力を使う結果となるのと同様です。定期的な健康診断でまず一通り,問診,血液検査,尿検査,血圧測定,心電図検査,胸部・腹部のレントゲン撮影等を行い,異常がありそうな箇所の見当をつけてから特定の箇所を集中的に調べるのもこのためです。胃に異常がありそうだという疑いがあって初めて,バリウム検査を行うのか,すぐに胃カメラをのませるのかを検討するなど次の作業を特定し,診断の精度を高めていくわけです。
　この作業は分析の目的がなんであれ必要なことです。これから分析

しようとする企業の成長性を計る場合にも，収益性を計る場合にも，将来にわたっての安定性を計る場合にも必要な基本動作です。

　業界によって固有の傾向値を示すケースもあります。小売業など売上代金が日々現金で入る業種とそうでない業種とでは，資金の流れを判断する基準は違って当然です。建設業のように受注工事の完成に長い歳月を要する業種と，受注商品の引き渡しに時間を必要としない業種とでは，売上げの計上の仕方が異なるといった事情もしかりです。
　このように，**外部環境も含めた全体像を的確につかんでおくこと**は，限られた資料からより正確な分析結果を得るうえでの第一歩です。

徐々に小さく見ていく

　全体像をつかんだうえで各部分に目を移すという基本動作は，次章以降で取り上げる個々の具体的作業においても同様です。
　貸借対照表（たいしゃくたいしょうひょう）を見る場合でも，いきなり個々の勘定科目の中身を見るのではなく，
　　1．総資産の大きさを確認する
　　2．表の左側と右側のバランス，すなわち資産の大きさに対して負債・資本の大きさ，そのバランスがどうかを確認する
　　3．資本の中身，負債の中身，資産の中身のうち金額の大きいものについて，その内容と金額の全体に占める割合を確認する
　　4．当該企業の財政状態の特性を大づかみにしたうえで，個々の勘定科目の中身を検証する
といった具合に，全体像を把握したうえで，大項目，中項目，小項目へと目を移していくのが賢明です。

　損益計算書を見る場合も同様です。
　例えば，
　　1．売上げの規模と税引前当期利益の規模を大づかみにする
　　2．経常損益の部と特別損益の部を分けて見る
　　　（当該企業本来の収益力を推し量るには，その会計期間にたまたま発生したような異常値あるいは非経常的な要因を切り離して見る必要があるため）
　　3．経常損益の基本構造を確認する
　　　1）営業損益と営業外損益

2）営業損益の基本構造
　　　　（粗利益の大きさと売上に占める比率，販売管理費とのバランス等）
　4．当該企業の収益構造の特性を大づかみにしたうえで，個々の勘定科目の中身を検証する

といった具合です。

　実際には，当該企業の特性や業容によって若干優先順位が異なる場合もありますが，「大きく見て小さく見る」という基本に変わりはありません。

 長く見て短く見る

 流れを見る

　ここで取り上げることも，広い意味では「大きく見て小さく見る」ことのひとつです。単年度の貸借対照表や損益計算書を「大きく見て小さく見る」のも重要なのですが，複数年度のそれらを並べて「大きく見て小さく見る」ことも大切です。年度を跨いで見ることにより，当該企業の財産状態や収益構造の趨勢がより理解しやすくなるからです。
　財産状態や収益構造の「流れを見る」ということです。
　企業の業績や財政状態は過去からの経営活動の積み重ねによるものであり，企業の現在の姿が独立して存在しているわけではありません。だからこそ過去からの「流れ」の検証が欠かせないのです。
　これにより，当該企業の業績が上昇傾向か下降気味かといった趨勢がわかるため，直近の業績についての判断ミスを未然に防げるばかりか，将来への展望もたてやすくなるわけです。医療の分野で，検査の対象となる人が肥満気味か，血圧が高めか低めか，特異体質か否か等を知った上で各検査結果を判断する必要があるのと同じです。
　また，過去数年に非経常的な出来事や大きな業績の変化等，特記事項がなかったかどうかの確認も重要です。
　これらの作業を通じ徐々に仮説の骨格が浮かび上がるため，この後の作業の優先順位もおのずと明らかになってきます。結果として，効

率的な分析作業の実施が可能となるわけです。

　ひとつの例として下の表をご覧ください。これは，株式会社たまごＣＬＵＢの５期分の損益計算書の利益構造をひとつの表にしたものです。

単位：百万円

	第50期	第51期	第52期	第53期	第54期
売上総利益	3,076	3,026	3,044	2,608	2,562
販売管理費	2,483	2,557	2,608	2,540	2,439
営業利益	593	469	436	68	123

　このように長期間の業績の推移をひとつの表にすると，当該企業の業績の趨勢がわかりやすくなります。

　売上総利益（粗利益）が年々減少傾向にある一方で，販売管理費はそれほど減っておらず，結果として営業利益が減少している様子がよくわかります。

ところで，このような表を作るさい注意したい点がふたつあります。

ひとつ目は**表示する実績の期間**です。経営成績や財政状態の趨勢をつかむためには最低でも5期分の実績を並べてみる必要があります。2期や3期程度では流れが見えません。

若干余談になりますが，会社で売上予算や事業計画を立てるさいにも，前年の実績との比較だけで数字を固めてしまうケースを時おり見かけます。が，これはとても危険です。経済が右肩上がりで成長しており，常に前年の何％アップという形で計画が立てられるのであれば話は別ですが，現在のように継続した成長が容易に見込めない状況では外部環境要因の分析とともに趨勢値をきちんと押さえながら，売上予算や事業計画を立てることが必要です。経営分析を行うさいにもある程度長いスパンでの趨勢を把握する作業は不可欠です。

ふたつ目の注意点は**表示する数値の桁数**です。過去からの実績をひとつの表にまとめるのは趨勢をつかみやすくするためです。したがって，ひと目で実績の趨勢がつかめる桁数でなくてはなりません。個人差はあるでしょうが，一般的には表示された数値が5桁以内ぐらいでないと，各数値の関係を判断するのに必要以上に時間を要します。

また，**対象となる企業の規模や資料の目的によって単位の設定も変わってくる**はずです。企業規模によって表示する必要のある桁数は違うでしょうし，資料の目的によって省略できる桁数は違うからです。例えば，売上高が1,000億円を超える企業の売上原価の推移を見る場合，1,000万円の単位は誤差の範囲と言えますが，売上高が5,000万円の企業にとっては重要な単位であるはずです。

このように表にするさいの数値の単位は，「見やすさ」ならびに企業規模や資料の目的に照らしての「重要性」という点から，適切な桁数になるよう配慮したいものです。

● グラフを活用する

　パソコン全盛時代です。

　特にパソコンを利用した表計算ソフトとワープロソフトの進歩には目覚ましいものがあります。現にこの原稿作成作業もワープロソフトのお世話になっています。

　最近の表計算ソフトは実にさまざまな機能を併せもっており，その操作性も大きく進歩しています。その代表的なものにグラフ作成機能があります。

　グラフの活用そのものは，これまでにも長期間の趨勢を把握するさい頻繁に利用されており，決して目新しい手法ではありません。が，パソコンならびに表計算ソフトの普及により，より身近なものになっているのも事実であり，これを利用しない手はありません。

　表計算ソフトであれば，簡単な操作でさまざまなグラフの作成が可能であり，長期間の趨勢を把握するには大変便利だからです。

　ためしに先に取り上げた企業の利益構造をグラフに示してみましょう。次頁をご覧ください。

　さきほど言葉で説明した内容が一目瞭然です。

　パソコンが苦手な人は手作業でも一向に構いません。長期間の数値をグラフにすると流れがとても見やすくなります。特に，その間に大きな業績の変化や異常値があった場合この点が顕著です。

　「長く見て短く見る」作業にグラフの活用は欠かせません。

グラフの利用

単位：百万円

	第50期	第51期	第52期	第53期	第54期
売上総利益	3,076	3,026	3,044	2,608	2,562
販売管理費	2,483	2,557	2,608	2,540	2,439
営業利益	593	469	436	68	123

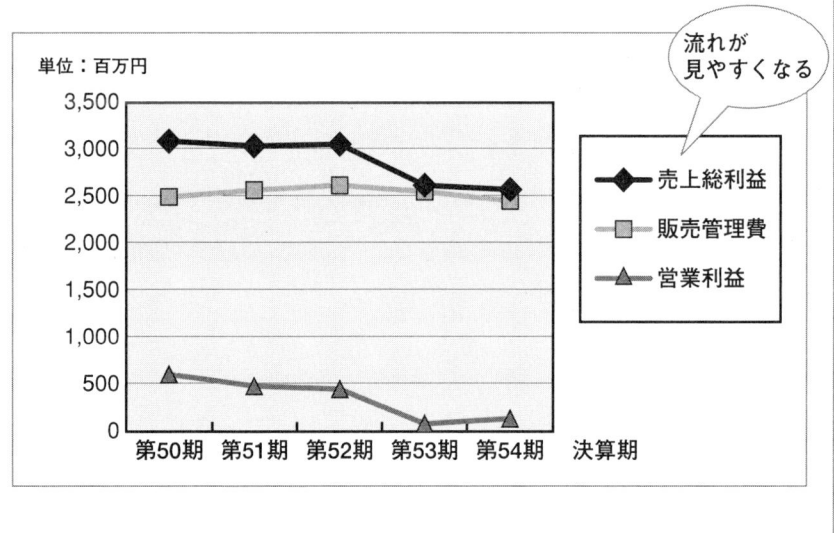

流れが見やすくなる

 # ヨコから見てタテに見る

 ## 世間の常識と比較する

　これも，ある意味では「大きく見て小さく見る」ことの一部です。先にもふれたとおり，各企業が属する業界や業種によってはそれぞれに特有の傾向値がある場合が少なくありません。こうした事情や傾向値を無視して分析結果を導くのは危険です。

　また，業界全体がアップトレンド（上昇気味）なのかダウントレンド（下降気味）なのか，といったことの把握も重要です。

　そうした業界特有の事情を押さえたうえで，「その業界の平均的水準を上回っているのか下回っているのか」といった具合に競合他社との比較をするわけです。

人との違いがわかると話が早い

　業界標準との比較は，分析結果そのものが「井の中の蛙」とならぬためにも必要なステップですが，一方で「人との違いがわかると話が早い」という利点もあります。

　とりもなおさず，この後の作業の優先順位が明らかになるということであり，分析の作業効率を高めるということです。

　粗利益が業界平均より低ければ，売上原価構造に異常がある可能性があるということであり，当然この後の作業での重点的調査項目となります。

　研究開発費が業界平均より低ければ，現在の収益性はともかく将来の成長性に不安を抱えているのではないか，といった疑問が生まれて当然であり，その背景を調査する余地が生じます。

　このように業界の水準とのヨコの比較をしたうえで，当該企業固有のデータを精査する，すなわち「ヨコから見てタテに見る」です。

 外から見て内を見る

 表面を見て中身を見る

　ここで取り上げるのは今までの内容とは若干性格が異なる話です。
　これまでの話は，記載されているデータの中身が正しいという前提に立っていますが，ここではデータそのものの中身に疑いの眼差しを向けます。
　そもそも**財務諸表**は，その生成過程の性格により**恣意**性の問題と無縁ではありません。財務諸表を作成するためのベースである会計基準や法人税法が，その**処理方法にいくつかの選択肢を認めている**という事実もさることながら，**元来**市場経済の中でモノの価値を評価するのはそれほど簡単なことではないからです。会計基準の変更により，市場価格を有する資産の評価は財務諸表にほぼ反映されるようになりました。バブル崩壊後の価格下落によって大きな含み損を抱えてきた土地についても，減損会計の導入により隠れていた損が明らかになってきています。
　一方で，子会社への投資のように資産価値の低下が充分に表示されない可能性を持った勘定科目もまだ残っています。これらは一時的ではなく長期にわたる保有を目的としているため，業績の悪化などにより純資産の額が大幅に減少するなどの事象が起きなければ購入時の価格から見直しはありません。それ以外の有価証券については時価によって資産としての帳簿価額は下がるものの，それが当期損益に反映さ

れるかどうかは保有目的によって変わります。いずれの場合も時価がそのまま損益と結びつくとは限らないわけです。

このように財務諸表を作る側にその意図がなくても，結果的に事実が歪められているケースは少なくありません。

したがって，財務諸表のデータで企業の実態を推定する場合には，このような**会計上の限界を頭に入れておく必要がある**のです。これは表面に見えるものをそのまま受け入れられないことがあることを，あらかじめ承知しておくということです。

問題の隠れ家は決まっている

「表面上の数字と実態との乖離をつかむ」などというと，なにかとても困難な作業のように思えますが，実はそれほど難しい作業ではありません。たいていの場合，**中身の検証が必要な勘定科目は限られている**からです。

先に取り上げた「土地」勘定のほかにも，「貸付金」「仮払金」「有価証券」「商品」など，その多くは資産勘定です。

調達の状況を示す貸借対照表の右側は，表示されている勘定科目の中身がどうのこうのと言うよりも，むしろすべての債務が表示されているかどうかが問題であり，検証作業の性格がやや異なります。某証券会社のように簿外の債務を抱えながら自主廃業に追い込まれたケースを持ち出すまでもなく，「すべての負債がバランスシート上に表示されているかどうか」の確認は容易ではありません。保証債務の状況が注記されているケースはともかく，通常意図的に隠された簿外債務の存在は単にバランスシートを眺めているだけでは発見できないからです。

こうした簿外債務を別にすれば，資本の調達状況はごまかしようがありません。正確に言えば，長期の債務を評価するさい「時間の経過による価値の変化をどう考慮すべきか」といった問題はあるのですが，現行の日本の会計制度の下では貸借対照表の右側の勘定科目は本項で取り上げる内容には縁が薄いと言えるでしょう。

ところが，**資本の運用状況を示す左側には要注意の勘定科目が散在**しています。そもそも企業経営は，資本の調達方法もさることながら，**調達資本の運用の良否で結果に大きな違いが出てくる**わけですから。

詳細は後の章に譲りますが，「土地」勘定を例にとっても，表面上の数字ほど実際には資産価値がないケースがある一方，社歴の長い会社などで多額の含み益が存在するケースがありますし，「貸付金」も業績不振の関係会社への運転資金の融資を中心に，実際には焦げ付いていて返済の見込みのないケースが少なくありません。実際の資産が表面上の数字を大きく下回っているケースです。

　「仮払金」も使途不明金など通常の処理がためらわれる支出の隠れ蓑(みの)になるケースが多くありますし，「有価証券」も時価のはっきりしない銘柄については実態を反映していないケースがありうる勘定科目です。

　「商品」については，業績不振の会社などで販売の目途が立たない不良在庫を良品のように評価している場合があり，中身のチェックが必要な勘定科目です。

　いずれにしても，**「外から見て内を見る」**ことが必要になるのはこのような事情によるものです。

この章のまとめ

　この章のまとめとして，本書で解説する「経営分析」の手順をまとめておきます。次章以降を読むさいの参考にしてください。

分析の手順

1. 分析の目的を明らかにする

2. 以下の作業を通じて仮説を立てる
　　1）全体像をつかむ
　　2）流れをみる
　　3）世間の常識と比較する
　　4）表面的な数字と実態の乖離のありそうな箇所を特定する

3. 仮説を検証する

第2章

「元手の活かされ方」を見る

■ 資本を効率的に運用しているか ■

おもに仮説をどう検証するかについての話です。この章では、「元手の活かされ方」という視点から検証の具体的手段を解説します。

① なぜ見るのか

● 企業活動の根源(こんげん)

　これを最初に見るのには訳があります。

　「元手の活かし方」こそが，企業活動の根源とでも言うべきもっとも大切な基本運動だからです。日本でもっとも一般的な会社形態である株式会社を例にとって考えてみましょう。株式会社は，会社を運営するうえでの元手をより多く集めるため，不特定多数の人々にお金を拠出（出資）してもらいます。これに対し，会社側は，出資してもらったお金に相当する権利（会社を所有する権利）を保証する証書（株式）を，個々の出資者に発行します。

　会社はこの**元手（資本金）をさまざまな資産に投資しこの元手を回収し，回収した元手をさらに再投資して元手をより大きくすることに努めます**。この循環活動がうまくいっている会社は元手がどんどん膨らむため，株主に対してより多くの配当をもたらし，社内への内部留保（利益の蓄積）も厚くなります。

　一方，この循環活動がうまくいかない会社は，思うように元手が増えず，株主に対する還元もできず，社内への内部留保も進まないばかりか元手がどんどん目減りすることになります。

　つまり，会社の経営が順調に推移しているか否かは，結局のところ「**調達した資本をいかに効率的に運用しているか**」という基本運動の良否にかかっているわけです。これをひとりひとりの株主の立場から

見れば，「1株あたりの価値が安定的に成長しているかどうか」という視点となり，会社全体で見れば，「**個々の株式の集合である株主資本の利益率がどう推移しているか**」という視点になるわけです。

　米国ではコーポレート・ガバナンス（企業統治：企業は誰のものか）のあり方が明確，すなわち「株主重視の前提」が明確であるため，『**元手の活かされ方**』を示す指標（ＲＯＥ：Rerurn on Equitry＝**株主資本利益率**）がかなり以前から重要視されてきました。

　一方，日本の場合は，相次ぐ企業不祥事等が引き金になってコーポレート・ガバナンスのあり方が問われてきていますが，議論は不充分の感を否めません。特に，日本の場合株主よりも従業員など企業内の立場を重視する風土が根強く，資本の論理を盾にした議論は敬遠されがちな面がありました。

　しかしながら，ますます進展する経済のグローバル化およびビッグバンに代表される規制緩和政策の中にあって，資本の論理から言えば当然重視されるべき指標である『元手の活かされ方』が今後より注目されるのは自然な流れと言えるでしょう。

● どのぐらい効率よく儲けているか

「儲けの状態」や「将来的にどのぐらい儲かる可能性を秘めているか」（これらをまとめて一般に「収益性」と呼びます）の確認というと，とかく損益計算書の数値だけを取り上げた議論に終始しがちです。「売上に対する経常利益がどれだけだったか」，「営業利益がどれだけだったか」といった具合です。

しかしながら，企業の経営活動とは，つまるところ「投下した元手（資本）をいかに効率よく回収するか」ということであり，「回収した元手（資本）を再投資してさらに大きな元手（資本）にするという循環活動である」と言えます。貸借対照表の右側の元手が左側で運用され，再び右側に元手として戻ってくるサイクルが繰り返されるイメージです。

したがって，本当の意味での収益性を見ようとすれば，元手（資本）との兼ね合いが問題にされなくてはならないはずです。「元手（資本）の循環活動あるいは回転運動がどのぐらい効率的に行われているか」を見る必要があるからです。「どれだけの元手（資本）を使って，どれだけの成果（利益あるいは資本の増加）が得られたか」という視点です。

これを見ることが，この章で取り上げる「元手（資本）の活かされ方」を確認する目的のひとつでもあります。

② 着眼点を整理する

● ROEとは？

「元手（資本）の活かされ方」を検証するうえで代表的な着眼点は，当期純利益の株主資本に占める割合です。つまり，

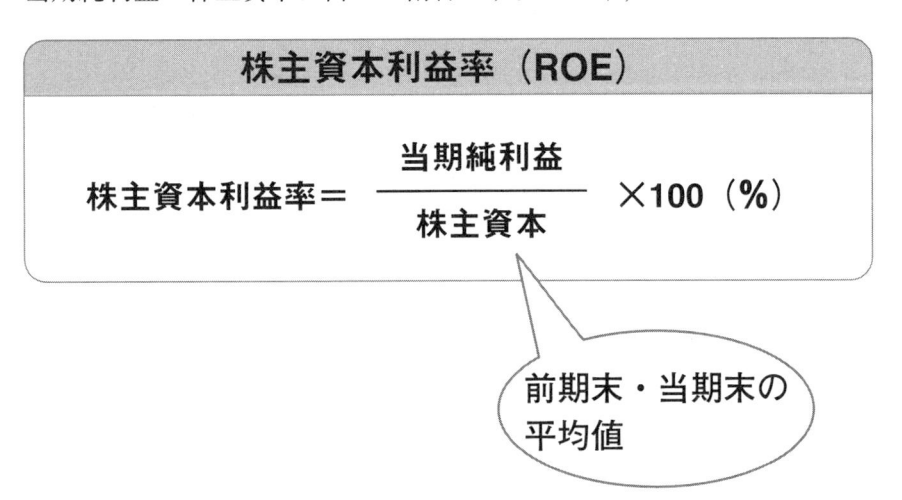

株主資本利益率（ROE）

$$株主資本利益率 = \frac{当期純利益}{株主資本} \times 100 \,(\%)$$

（株主資本について）前期末・当期末の平均値

ということです。

最近日本の新聞でもしばしば目にするROEというアルファベットはこのこと，すなわち株主資本に占める当期純利益（税引後利益）の割合のことなのです。英語の「Return on Equity」の略です。

ところで，この算式からは一見「資本の循環活動，回転の効果」が結果に反映されるようには見えません。単に期末時点での株主資本残高と当期純利益を対比しているだけのように見えるからです。

ところが，この算式により，**資本循環の回転状況と売上げに対する利益率の相乗効果を把握することができる**のです。というのも，この算式は次のように分解可能だからです（次の算式を変形させたものとも言えます）。

この等式の左辺には分母と分子のいずれにも売上高が存在していますので消去可能です。これを消去した結果が，右辺のように株主資本と当期純利益を単純に対比した形になるわけです。

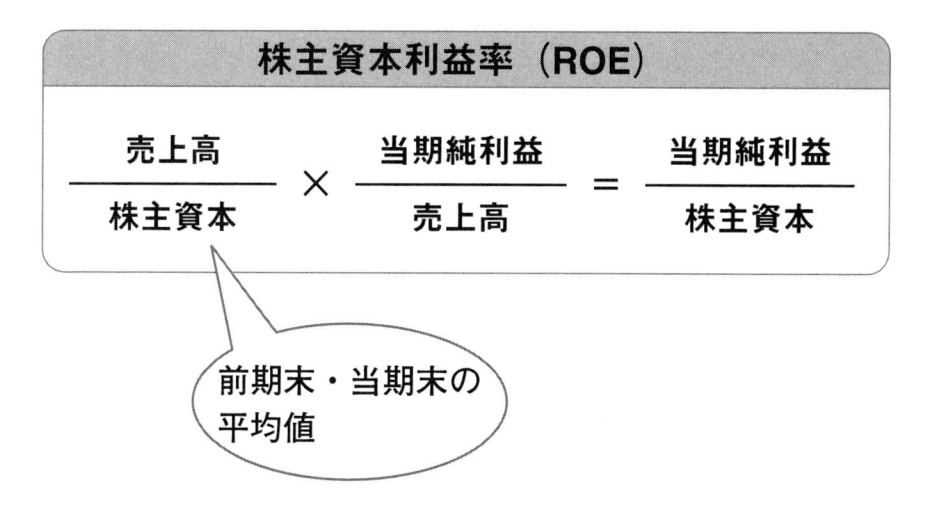

株主資本利益率（ROE）

$$\frac{売上高}{株主資本} \times \frac{当期純利益}{売上高} = \frac{当期純利益}{株主資本}$$

（株主資本は前期末・当期末の平均値）

では，この左辺の最初の部分，すなわち売上高を株主資本で割っている部分はなにを示しているのでしょう。

株主資本の回転率がその答えです。当該会計期間の売上高と投下した株主資本の総額を対比させることによって，**当該会計期間に株主資本が何回転したか**を示しています。言い換えれば，「投下した資本を回収し，それを再投資してさらに大きな資本にする循環活動」がどれだけ頻繁に行われたかを示しているわけです。

一方，左辺の右側部分は売上高にしめる当期純利益の割合（売上高当期純利益率）です。「計上した総売上高に対して税引後にどれだけの利益が残るか」という比率です。このさい**税引後の利益である当期純利益を使うのは，「株主資本に対してどれだけの配当余力があるか」**の確認が株主にとって大きな関心事だからです。
（注：配当は税引後の利益から一定の割合が充てられます。念のため）

　このように一見単に株主資本と当期純利益を対比させているようにしか見えないこの算式から，投下した株主資本の回転率と売上総額に対する利益率の相乗効果を見ることができるのです。

⬤ ためしに算出してみよう

株式会社たまごCLUBの事例を使って,実際にROEを算出してみましょう。

株式会社たまごCLUBデータ

単位:百万円

	前期	当期
売上高	6,352	6,433
売上総利益	3,026	3,044
営業利益	469	436
営業外収益		
受取利息・配当金	22	18
その他	4	2
営業外費用		
支払利息	59	53
その他	3	7
経常利益	433	396
当期純利益	204	189
総資本	5,897	6,159
株主資本	2,035	2,118

同社のＲＯＥを算出すると以下のようになります。

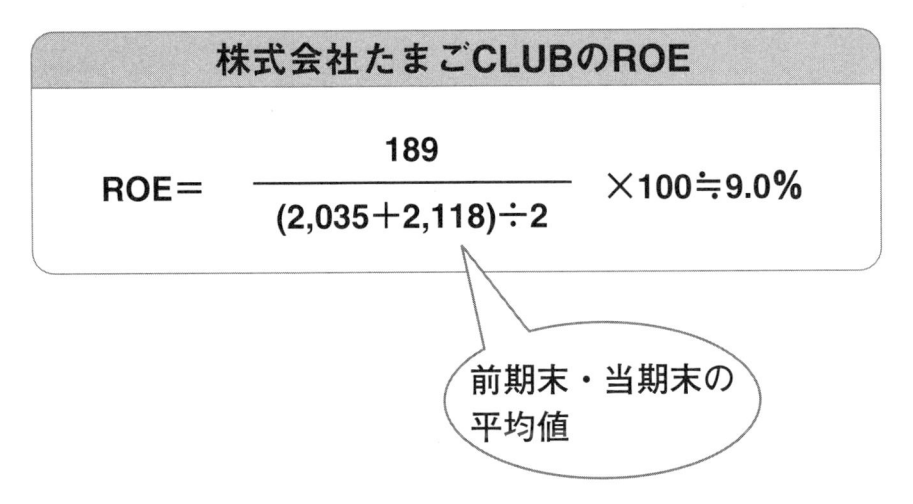

株式会社たまごCLUBのROE

$$ROE = \frac{189}{(2{,}035 + 2{,}118) \div 2} \times 100 \fallingdotseq 9.0\%$$

（前期末・当期末の平均値）

これを株主資本回転率と売上高当期純利益率に分けて算出すると次のようになります。

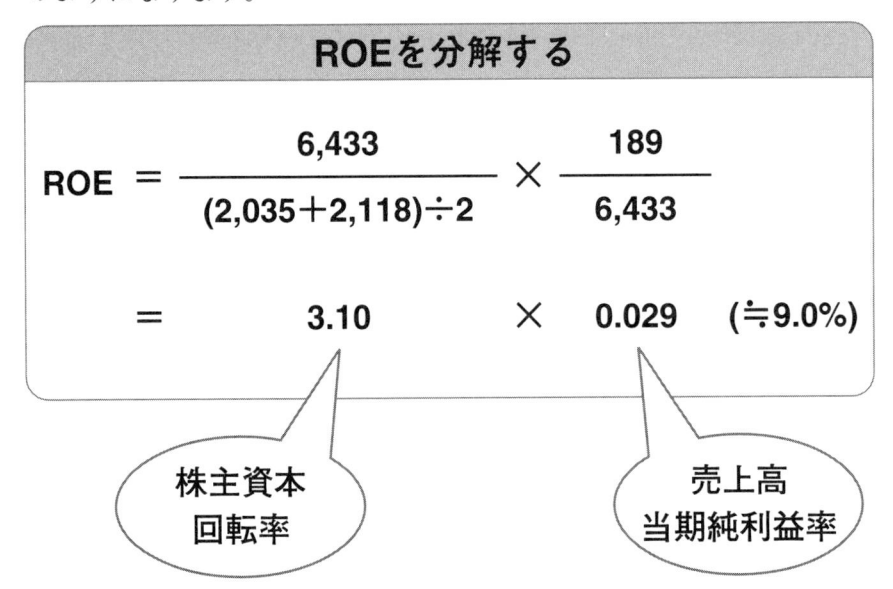

ROEを分解する

$$ROE = \frac{6{,}433}{(2{,}035 + 2{,}118) \div 2} \times \frac{189}{6{,}433}$$

$$= 3.10 \times 0.029 \quad (\fallingdotseq 9.0\%)$$

（株主資本回転率）　（売上高当期純利益率）

● 経営風土の違いとROE

新聞や雑誌に「ライバル比較」と称して日米の同業種の会社を財務分析した記事がよく見られます。その際ほとんどのケースでROEの差が挙げられています。日本との比較だけでなく，米国企業のROEの水準は他の主要国企業のそれに比べ秀でています。

しかしながら，これを単純に日本の企業の判断材料にするのにはやや無理があります。資本の論理のもと，大胆なレイオフや不採算部門の売却が日常茶飯事のように行われている米国と，少なくとも（そうした大胆策が日常化されていない）日本とでは外部環境に差があり過ぎます。資本主義国でありながら，資本の論理を盾にした議論には反発の多い国ですから。

ただし，ますます進展する経済のグローバル化，国境を越えた企業活動や資本調達の流れを考えれば，中長期的には外部環境の違いをうんぬん言ってはいられないのでしょう。

企業規模や業種によってもまちまちですが，日本企業のROEは，下の図表より明らかなとおり近年改善されてきていますが、かなり低迷しています。

株主（自己）資本利益率（ROE）

単位：％

	全業種	食品	繊維	鉄鋼	電気	自動車	建設	電力	商業	サービス
①	2.61	2.92	0.88	-2.29	1.27	5.93	-8.17	7.74	0.57	3.48
②	4.47	2.60	3.56	4.11	4.03	6.60	4.43	7.86	3.08	5.40

① 02年4月〜03年3月期　② 03年4月〜04年3月期
出典：　「日経経営指標（全国上場会社版）2005」　2004年9月発行（日本経済新聞社）

● ROAとは？

ROEとともに最近新聞等でしばしば目にするのがROAというアルファベットです。次にこのROAにふれてみます。

これも広い意味での「元手の活かし方」を示す指標です。「元手」の概念を狭義(きょうぎ)にとらえれば，純粋に株主から調達した「元手」だけと言えないこともありません。が，「元手」を広義(こうぎ)にとらえれば，貸借対照表の右側すべてと考えることも可能です。日々の経営活動のために調達している「すべての資本」というイメージです。

ROAとは，この総資本に対する利益率を示す指標です。「Return on Asset（ROA）」という英語を直訳すると総資産利益率になるのですが，意味するところは**「経営活動に投入しているすべての資本に対する利益率」**ということです。

$$資産 \ = \ 負債 \ + \ 資本$$

要するに，「バランスシートの合計額をどちらから読むか」の違いだけです。基本的には，ROI（Return on Invested Capital：投下資本収益率）と同じ意味です。

基本動作との違いで注意すべき点は，**株主資本利益率の場合は当期純利益を使ったのに対し，総資本利益率の場合は一般に営業利益プラス受取利息・配当（事業利益）を用いる**ことです。

株主資本利益率で当期純利益を使うのは，「株主資本に対してどれだけの配当余力があるか」を示すためであるのに対し，総資本利益率で事業利益を使うのは，「借入金や社債を含む投下資本全体に対してどれだけ利益の分配余力があるか」を示すためです。

　「経営に投入されているすべての資本を使って経常レベルでどれだけの利益を上げているか」を見るという意味で，総資本利益率で経常利益を使うケースもあるようですが，本来は営業利益プラス受取利息・配当金を対応させるべきでしょう。受取利息や受取配当金も資金の提供者に分配されるものですから。

　具体的には次のとおりです。

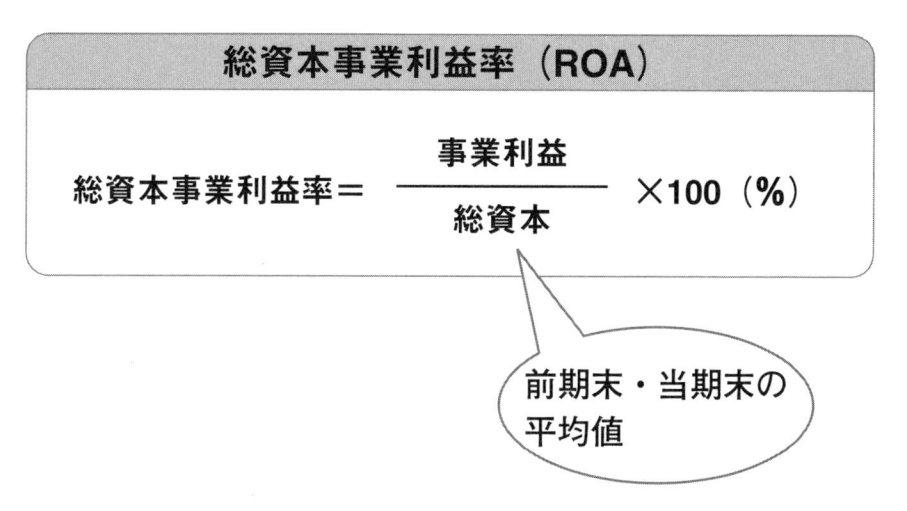

総資本事業利益率（ROA）

$$総資本事業利益率 = \frac{事業利益}{総資本} \times 100（\%）$$

（総資本は前期末・当期末の平均値）

　この算式から，資本循環の回転状況と売上げに対する利益率の相乗効果を把握することができます。株主資本利益率のところでも確認したとおり，この式は次のように分解可能だからです（次の算式を変形させたものとも言えます）。

この等式の左辺には分母と分子のいずれにも売上高が存在していますので消去可能です。これを消去した結果が，右辺のように総資本と事業利益を単純に対比した形になるわけです。

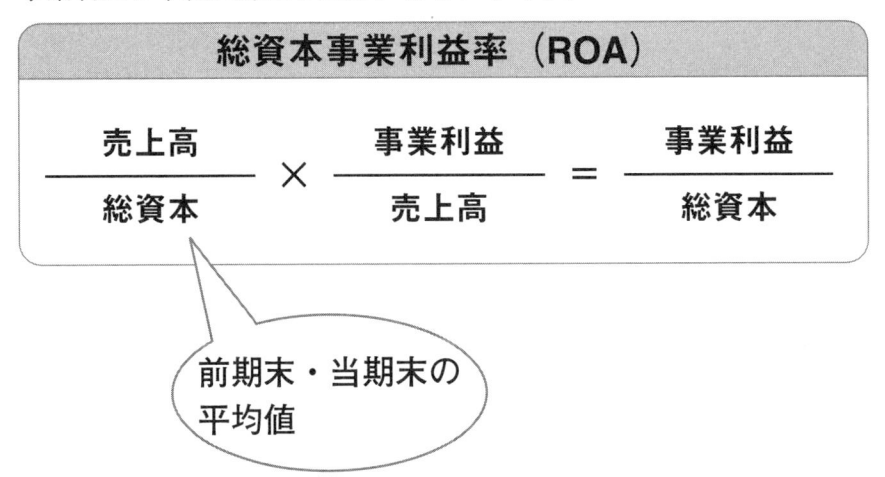

総資本事業利益率（ROA）

$$\frac{売上高}{総資本} \times \frac{事業利益}{売上高} = \frac{事業利益}{総資本}$$

（前期末・当期末の平均値）

　この左辺の最初の部分，すなわち売上高を総資本で割っている部分は，**総資本の回転率**を示します。当該会計期間の売上高と投下した総資本の総額を対比させることによって，**当該会計期間に総資本が何回転したかを示しています**。言い換えれば，「**投下した資本を回収し，それを再投資してさらに大きな資本にする循環活動**」がどれだけ頻繁に行われたかを示しているわけです。

　一方，左辺の右側部分は売上高に占める事業利益の割合（事業利益率）です。「**計上した総売上高に対して利払い前にどれだけの利益が残るか**」という比率です。

このように一見単に総資本と利払い前利益を対比させているようにしか見えないこの式から，投下した総資本の回転率と売上総額に対する事業利益率の相乗効果を見ることができるわけです。

ためしに算出してみよう

先に見た株式会社たまごCLUBの事例（下に再掲）を使って，実際にROAを算出してみましょう。

株式会社たまごCLUBデータ

単位：百万円

	前期	当期
売上高	6,352	6,433
売上総利益	3,026	3,044
営業利益	469	436
営業外収益		
受取利息・配当金	22	18
その他	4	2
営業外費用		
支払利息	59	53
その他	3	7
経常利益	433	396
当期純利益	204	189
総資本	5,897	6,159
株主資本	2,035	2,118

同社の直近のデータでROAを算出すると以下のようになります。

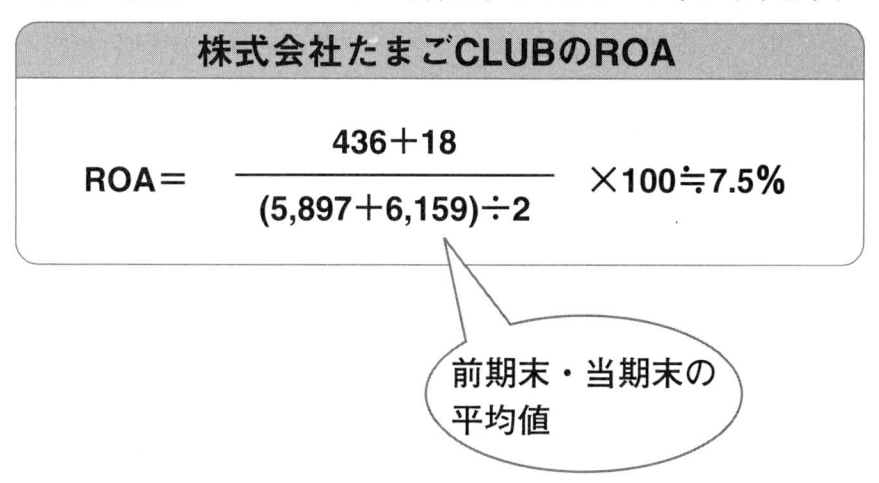

株式会社たまごCLUBのROA

$$ROA = \frac{436+18}{(5,897+6,159) \div 2} \times 100 \fallingdotseq 7.5\%$$

（分母は）前期末・当期末の平均値

これを総資本回転率と売上高事業利益率に分けて算出すると次のようになります。

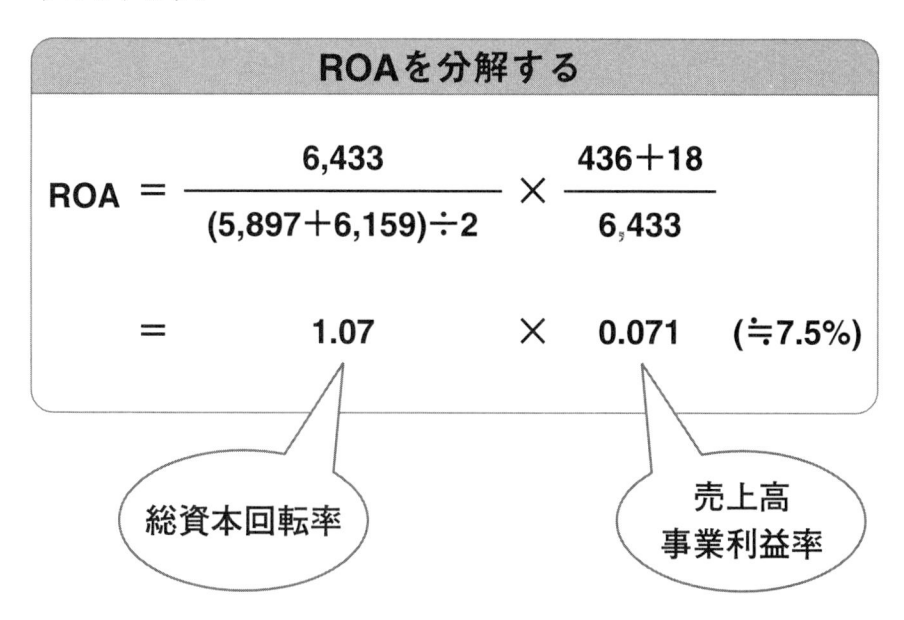

ROAを分解する

$$ROA = \frac{6,433}{(5,897+6,159) \div 2} \times \frac{436+18}{6,433}$$

$$= 1.07 \times 0.071 \quad (\fallingdotseq 7.5\%)$$

（1.07＝）総資本回転率

（0.071＝）売上高事業利益率

同じ100万円の利益でも，1,000万円の資本を使った結果と100億円の資本を使った結果とでは，投下資本効率に大きな違いがでるということです。もちろん利益の中身についても，吟味の必要があることは言うまでもありませんが。

　なお，「利益の中身」については次章で詳しく取り上げます。

③ 着眼点の理解を深める

● 資本構成の違いとROE

先に見たとおり，ROAは投下資本全体に対する利益率です。

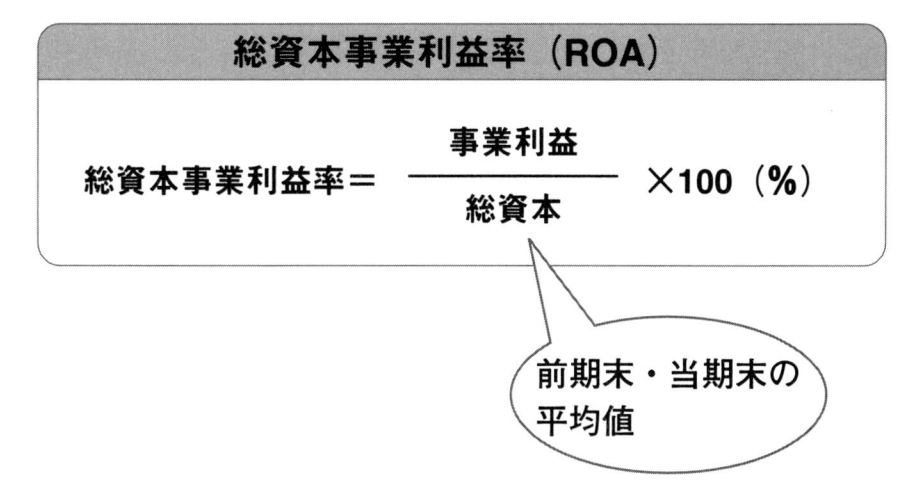

総資本事業利益率（ROA）

$$総資本事業利益率 = \frac{事業利益}{総資本} \times 100 \, (\%)$$

（総資本：前期末・当期末の平均値）

　分母はバランスシート（貸借対照表）の右側全体ですから，ROAは資本構成の違いによる影響を受けません。
　一方，ROEは株主資本に対する利益です。

株主資本利益率（ROE）

$$株主資本利益率 = \frac{当期純利益}{株主資本} \times 100 \, (\%)$$

（株主資本は）前期末・当期末の平均値

　分母はバランスシートの一部分なので，ＲＯＥは**資本構成の違いによる影響を大きく受けます**。つまり，投下資本総額は同じでも株主資本の割合が少なければ分母が小さくなるわけですから，ＲＯＥを改善する方向に力が働きます。

　一方，総資本に占める株主資本の割合が小さければ，その分だけ負債の額は多くなるわけであり，負債の額が増える分だけ支払利息は増えるはずです。結果的に分子の税引後利益が減るため，ＲＯＥが悪化する方向に力が働きます。

　一方でＲＯＥを改善する力が働き，一方でそれを悪化させる力が働くわけですから，最終的にＲＯＥが良くなるか悪くなるかは，分母と分子のどちらの減り方が大きいかにかかってきます。

　平均的な企業であれば，一般にはＲＯＡの方が負債の利子率よりも高い（事業に投下している総資本から得られる利益率の方が市中金利率よりも高い）ので，税引後利益は株主資本ほど減りません。つまり，分子の減る量が分母の減る量よりも少ないため，株主資本の少ない企

業の方がROEは高くなるわけです。

　負債のもつこのようなROE押し上げ効果を一般に「負債のレバレッジ効果」と呼びます。レバレッジ（Leverage）とは「てこの作用」を意味する英語の表現であり，「他人のふんどしで相撲を取る」効果を指します。他人から安い金利でお金を借りて，より高利回りの商品で運用し，そのサヤを抜くのと同じです。したがって，外部環境の変化によっては「逆ザヤ」のリスクもあることは言うまでもありません。

● 収益性と安定性の見合い

前章までの説明で，レバレッジ効果によりＲＯＥが改善する点についてはご理解いただけたと思います。

一方，前頁の最後にも指摘したとおり，「サヤ抜き」作業には常に「逆ザヤ」のリスクもついてまわります。本業の収益力が落ちているにもかかわらず，有利子負債の利子率は上昇しているようなケースです。

また，逆ザヤにより単に当期利益が減るだけならまだしも，資金繰りに大きな支障を生じ，追加の資本調達もままならないような状況に陥らないとも限りません。レバレッジ効果が大きいということは，株主資本に対する負債の比率（負債比率：デット・イクイティ・レイシオ：Debt Equity Ratio）が高いということであり，財務構造は不安定なわけです。

ちなみに，負債比率とは次の式で表されます。

負債比率（D/E）

$$負債比率 = \frac{負債総額}{株主資本} \times 100 \ (\%)$$

英語で負債を意味する「Debt」と株主資本を意味する「Equity」の頭文字をとって,「D／E」と表現されることも少なくありません。英語の表現を直訳すると「負債株主資本比率」という感じですが,日本では一般に「負債比率」と呼ばれています。

財務構造の安定性を無視してROEの最大化を追求しようとすれば,この負債比率を高くしてレバレッジ効果をフルに活かせばよいわけです。

しかしながら,**ある一定のレベルを超えるとレバレッジ効果によるROEの改善効果も,それに伴う経営リスクの増大によって相殺されてしまうため**,実際には収益性と安定性のバランスを取りながら経営の舵取りを行うことになります。

したがって,経営分析を行うさいにも,資本構成の違いによる経営リスクの差を考慮しつつ,ROEの検証作業を行う必要があります。

下に日本の上場企業の負債比率の水準をまとめておきますので,参考にしてください。

負債比率

単位：％

	全業種	食品	繊維	鉄鋼	電気	自動車	建設	電力	商業	サービス
①	179.44	92.36	95.98	199.31	113.63	97.95	287.07	436.28	350.69	306.71
②	166.50	88.32	86.27	175.05	103.16	93.58	230.67	393.87	318.57	271.19

① 02年4月〜03年3月期
② 03年4月〜04年3月期

出典： 「日経経営指標（全国上場会社版）2005」 2004年9月発行（日本経済新聞社）

● 分析作業は多面的に

　以上見てきたとおり，ＲＯＥひとつを取っても収益性と安全性という異なる視点からの検証が必要です。

　また，自己株式の買入消却など利益が増えなくてもＲＯＥを改善する要素は存在するため，利益の中身の検証作業も併せて行わなくてはなりません。

　このように，企業の経営状態を分析するさいには，常に多面的な視点を失わないよう心がけたいものです。

第3章

「儲けの中身」を見る

■ 利益の内容を確認する ■

おもに仮説をどう検証するかについての話です。この章では,「儲けの中身」という視点から検証の具体的手法を解説します。

① なぜ見るのか

◯ 分析作業の多面性

　「元手の活かされ方」を検証する代表的な指標としてＲＯＥ（株主資本利益率）を取り上げたさい，利益額が増加しなくてもＲＯＥが改善するケースがあることにふれました。自社株の買入消却などで株主資本が圧縮されたケースです。自社株の買入消却も，より小さな資本でより多くの成果をあげるための企業努力であり，経営効率増進策のひとつではあります。しかしながら，いくら資本をすばやく回転させたとしても，肝心の儲け（利益）が増えなければ，中長期的にＲＯＥは改善しません。

　したがって，「元手の活かされ方」の分析作業も，「儲かり具合」や「財産の持ち方」の分析作業と併せて多面的に行うことが必要があるのです。「元手の活かされ方」に限らず，**すべての分析作業は常に複数の視点から多面的に行わねば適切な結果が得られません**。そうした意味では，本章で取り上げる「儲けの中身」の分析作業も，「元手の活かされ方」のみならず他の分析作業と深くかかわりあっていると言えます。

● 成　長　の　源（みなもと）

企業の経営活動について，前章で次の点を確認しました。

> ＊企業の経営活動とは，つまるところ「投下した元手（資本）をいかに効率よく回収するか」ということであり，「回収した元手（資本）を再投資してさらに大きな元手（資本）にするという循環活動である」といえる。
>
> ＊貸借対照表の右側の元手が左側で運用され，再び右側に元手として戻ってくるサイクルが繰り返されるイメージ。

　言うまでもないことですが，回収した元手を再投資してさらに大きな元手にするためには，投資額より大きな見返りを得なくてはなりません。この投資額を超える見返り分が儲け（利益）です。

　言い換えれば，儲け（利益）がなくては回転運動の原資が増えません。そういう意味では，**儲け（利益）こそが企業にとっての成長の源（みなもと）**と言えます。

　この成長の源（みなもと）たる儲け（利益）が，どんな具合に，どの程度増えているのか，その「中身」を確認するのがここでの目的です。

② 着眼点を整理する

● 貸借対照表と損益計算書の関係

　利益の中身を確認するにあたって，貸借対照表と損益計算書の関係について考えてみたいと思います。

　永続的に営まれることを前提とする今日の企業の損益計算は，人為的に一定の期間を区切り，その間に発生した収益と費用を対応させることによって行われます。この一定期間のことを**会計期間**と呼び，一般には1年間です。そして，この会計期間の損益計算，すなわち**経営成績**を示すのが損益計算書でした。

　一方，刻一刻と変化する財産の状態を把握する場合，経営成績のように一定の期間を区切って計算するのは現実的でありません。むしろ人為的に一定の時点を決めて，その瞬間の財産状態を測定する方が理にかなっています。そこで，**各会計期間の最終日（決算日）時点で企業の財政状態を測り，これを貸借対照表に表示する**わけです。

　このことを図示すると次頁のようになります。

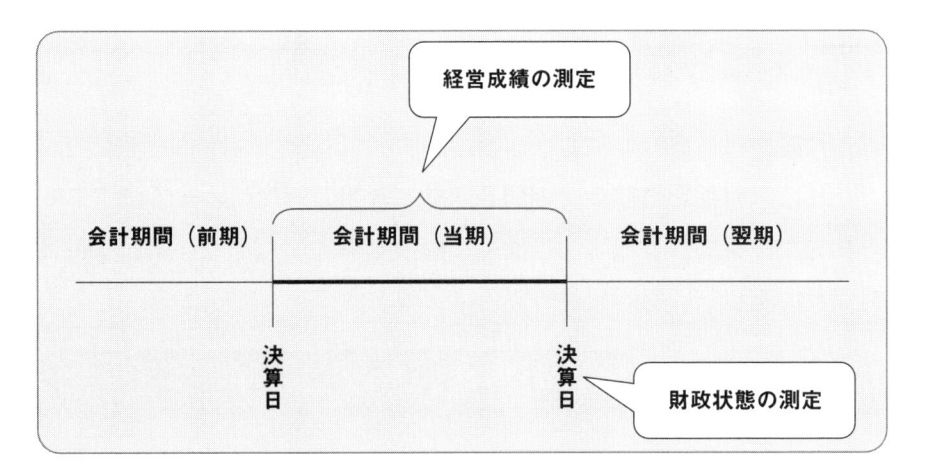

```
会計期間(前期)    会計期間(当期)    会計期間(翌期)
                    ↑経営成績の測定
                 決算日        決算日 → 財政状態の測定
```

　一方が企業の経営成績を示し，他方が財政状態を示すという主たる役割の違いから，損益計算書と貸借対照表はしばしばまったく別物のようにとらえられがちです。

　しかしながら，**実のところ両者は密接な関係で結ばれている**のです。このことを具体的に解説するため，利益計算におけるふたつの異なるアプローチについて考えてみます。

🔵 利益計算の損益的アプローチ

まず最初に利益計算における損益的アプローチについてです。

これは，**利益を当該会計期間の収益と費用の対比によって測定**する一般的な損益計算方法です。改めて図示するまでもなく，期間収益と期間費用ならびに期間利益の関係は次のようになっています。

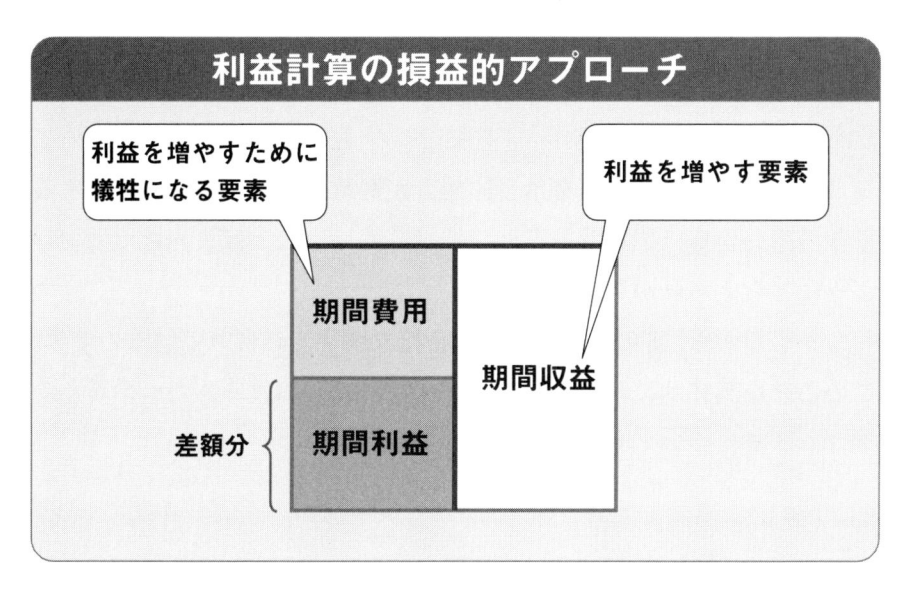

利益計算の損益的アプローチ

- 利益を増やすために犠牲になる要素 → 期間費用
- 利益を増やす要素 → 期間収益
- 差額分 → 期間利益

> 期間利益　＝　期間収益　－　期間費用

　上の等式からも明らかなとおり，**一定期間に発生した収益から費用を差し引いた残りを当該期間の利益**として測定します。

⬤ 利益計算の財産的アプローチ

次に利益計算における財産的アプローチについてです。

これは，利益を資産や負債といった**具体的財産の増減によって測定する方法**であり，日本では一般にあまり馴染みのないアプローチです。しかしながら，その構造をご覧いただけばおわかりのとおり，要は貸借対照表の仕組みそのものです。

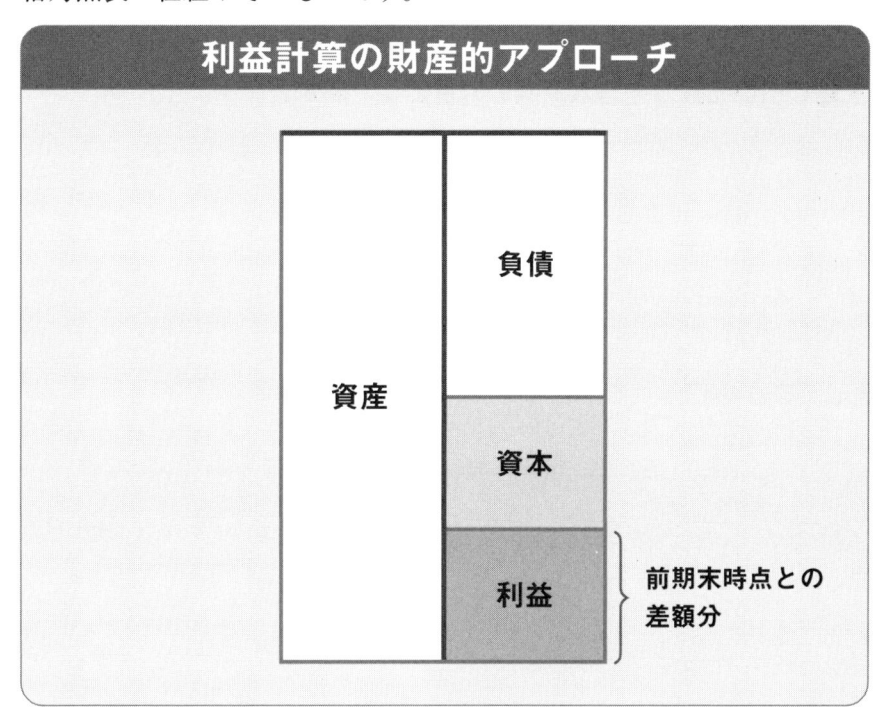

利益計算の財産的アプローチ

資産	負債
	資本
	利益

利益・資本部分：前期末時点との差額分

これを等式で表せば次頁のようになります。

$$利益 \;=\; 資産 \;-\; (負債 \;+\; 資本)$$

　つまり，**一定期間末という一時点における財産状態の差し引きにより利益を測定**します。これを前期末時点のそれと比較すれば，当該会計期間の資産や負債の増減効果を加味した利益の増減の測定が可能です。

　そういう意味では，**財産的アプローチによる損益計算の結果をまとめたのが貸借対照表であるとも言える**わけであり，「財政状態を示す」という貸借対照表の一般的な顔とは別の側面です。

● ふたつの利益計算アプローチの特色

　財産的アプローチは，損益を資産や負債といった具体的なストックの増減によって把握しようという具体的計算方法であるのに対して，損益的アプローチは，損益を収益や費用といったフローの対比によって把握するものであり，具体的財産の増減といった裏付けをもたない抽象的計算方法であると言えます。

　一方，財産的アプローチが時点計算であるため事業活動の結果しか把握できないのに対して，損益的アプローチは期間計算であるため事業活動の因果関係を明らかにすることが可能です。

　いずれにしても，会計処理の基礎言語たる複式簿記はこれらふたつの特色をひとつの計算システムの中に織り混ぜることによって，互いの長所・短所をうまく補い合わせています。

◉ 試算表の重層構造

　これまでの話を別の角度から確認するため，下に示した試算表の重層構造をご覧ください。

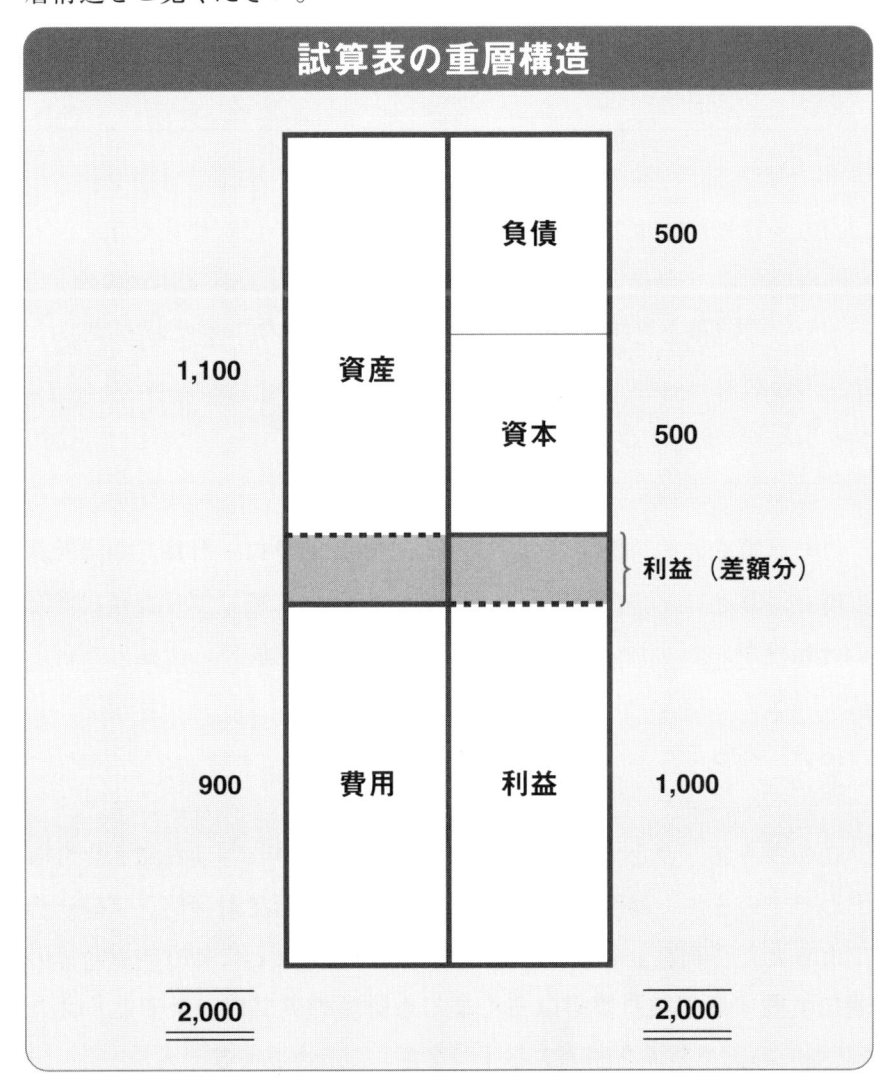

| 試算表の重層構造 |

	資産	負債	500
1,100		資本	500
		利益（差額分）	
900	費用	利益	1,000
2,000			2,000

試算表は，上の部分が貸借対照表，下の部分が損益計算書，重なり合う部分が利益相当額という重層構造になっており，常に左右が均衡しています。左右が均衡しなければ，集計作業ないしはその前の仕訳や転記作業に誤りがあるということであり，複式簿記の優れた自己検証機能です。

> 　ちなみに，試算表とは正式な貸借対照表や損益計算書を作る過程で作成する集計表であり，それまでの仕訳作業や転記作業に誤りがないかを確認するとともに，大まかな財政状態や経営成績を把握するうえで役立ちます。馴染みがない方は，拙書『新世紀版　簿記の卵』や一般の簿記入門書をご参照ください。

　この試算表の構造を見れば，ストック計算とフロー計算，期間計算と時点計算をひとつの計算システムの中に巧みに織り混ぜた複式簿記の仕組みがおわかりいただけると思います。と同時に，損益計算書と貸借対照表とは互いに密接な関係にあるだけでなく，互いに補完し合う関係にあることもご理解いただけるでしょう。

　このように，ひとくちに「利益」といってもさまざまな側面をもちあわせています。財産的な裏付けの存在を重視して財産的アプローチでとらえた「利益」を中心に考えれば，決算日ごとに行う時点計算の間に位置する損益計算書はあくまでも財産的アプローチでとらえた「利益」の因果関係を説明する「つなぎ」でしかありません。

一方，財産的な裏付けよりも収益と費用の期間対応を重視して損益的アプローチでとらえた「利益」を中心に考えれば，各決算期間の間に位置する貸借対照表はあくまでも損益的アプローチでとらえた「利益」の「つなぎ」でしかなくなってしまうわけです。

　財産的アプローチと損益的アプローチのどちらを重視するかは，時々の社会経済環境の変化とともにこれまでも「行きつ戻りつ」といった感があります。日本では従来損益的アプローチを重視する傾向が強かった一方，米国基準や国際会計基準では財産的アプローチを重視しています。米国基準や国際会計基準の中にある「時価会計」の原則も，財産的な裏付けに基づいて資産を公正に評価するという考え方がベースになっており，財産的アプローチの延長線上でとらえれば当然のことと言えるでしょう。

● 儲けを階層別に整理する

いよいよここからが本章のメインテーマ「利益の中身」についての話です。利益の多面性をご理解いただくために若干前段が長くなってしまいました。ただし，利益の本質をとらえるうえでは非常に大切な部分なので，あえて多くの紙面を割きました。

先述のとおり，財産的アプローチが時点計算であるため事業活動の結果しか把握できないのに対して，損益的アプローチは期間計算であるため事業活動の因果関係を明らかにすることが可能です。したがって，利益の中身を見るうえでは，損益的アプローチの縮図である損益計算書の内訳の検証が有効です。

そこでまず，損益計算書の計算構造をベースに「儲け」，すなわち「利益」を階層別に整理します。次頁をご覧ください。

利益の階層構造

売上高
売上原価
　売上総利益
販売管理費
　営業利益
営業外収益
営業外費用
　経常利益
　　　　　　　　経常損益の部

　　　　　　　毎期経常的に発生する収益と費用の対応による期間損益

特別利益
特別損失
　　　　　　　　特別損益の部

　　　　　　　臨時的あるいは非経常的な要因による損益

税引前当期利益
　法人税等
　当期純利益
　　　　　　　　最終損益の部

　　　　　　　すべてを含む総合的な期間損益

　上の図に示されたとおり，利益はいくつかの階層構造になっています。この階層の中でもっとも大きいのが，経常損益の部と特別損益の部のものです。当該企業本来の収益力を推し量るには，毎期経常的に発生する収益と費用の対応による期間損益を測定せねばならず，その会計期間にたまたま発生したような異常値あるいは非経常的な要素を

取り除かねばならないからです。経常損益と特別損益を分けて考える必要があるのはこのためです。

以下で，この中身を上から順に見ていきます。

● 利益の源(みなもと)「売上高」

　まず最初は利益の源(みなもと)である売上高についてです。

　「売れた分を計上するだけのことだから，特に問題ないだろう」と簡単に考える方も少なくないでしょう。しかしながら，これが意外にむずかしいのです。というもの商品の販売は，「注文を受けて，商品を梱包し，これを発送し，商品が顧客の手元に到着し，顧客がこれを検品して注文どおりの商品であることを確認し，代金の支払いを受ける」という実に多くのプロセスを経て完了します。したがって，どの段階で売上高として計上すべきか，収益として認識すべきか，という点が実務上はとても重要なのです。

　会計上は「商品の引き渡しの時点をもって収益（売上）として認識する」というのが大原則です。ところが，実務上は「いつの時点をもって商品の引き渡しの時点とみなせばよいのか」ということが問題となります。発送した時点とするのか，顧客の手元に到着した時点とするのかによって，決算日に輸送途上にある商品の扱いは変わってくるからです。

　このように「たかが売上高，されど売上高」なのです。

　ちなみに，売上高の認識については，一般に商品を発送した時点をもって行う企業が多いようです。「売上高」を見るさいには，こうした売上高の計上基準にも気を配りながら，その推移を見る必要があるのです。また，IT産業の売上高水増しに見られるように，「何をもって『売上高』とするのか」の問題にも注目しなければなりません。

● もっとも重要な「売上原価」

次は売上原価についてです。

売上高に計上された商品の原価相当分です。「利益の損益的アプローチ」のところで，収益と費用の期間対応を「利益を増やす要素と利益を増やすために犠牲になる要素の対応」としてとらえましたが，売上高と売上原価はまさにこの関係です。

ここでは，原価構造が比較的シンプルな卸売業の売上原価を取り上げ，その構成要素の注意すべき点について解説します。製造業の原価構造はやや複雑であるため，ここではふれません。製造業の原価計算の基本を学びたい方は，『管理会計の卵』（小西憲明著／税務経理協会）をご参照ください。

卸売業のもっとも一般的な売上原価の構成要素は以下の3つです。

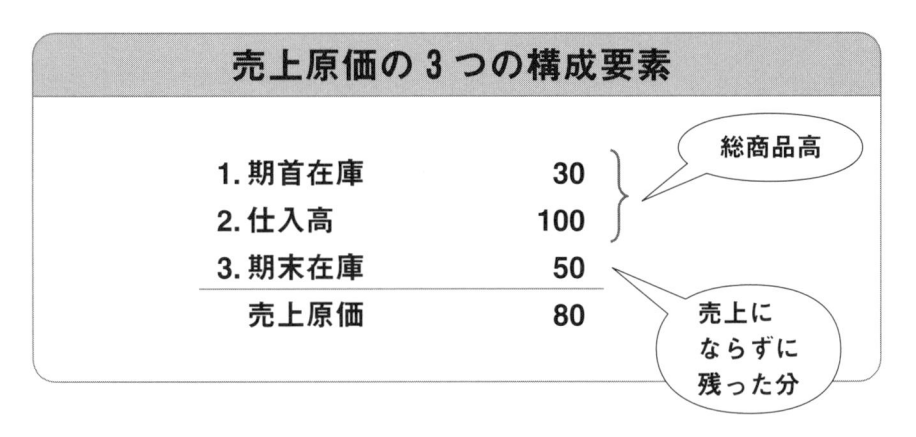

売上原価の3つの構成要素

1. 期首在庫	30
2. 仕入高	100
3. 期末在庫	50
売上原価	80

（1と2を合わせて）総商品高
（3は）売上にならずに残った分

期首在庫，すなわち期の始まりの時点でもっている商品高（30）に期中に仕入れた商品高（100）を加えたのが，当期の総商品高（130）です。この総商品高から期末在庫，すなわち期の終わりの時点で残っ

ている商品高（50）を差し引いた残りが期中に計上された売上高に対応する原価部分（80）です。この関係はボックス型の図にあてはめると，とても明解です。次の図をご覧ください。

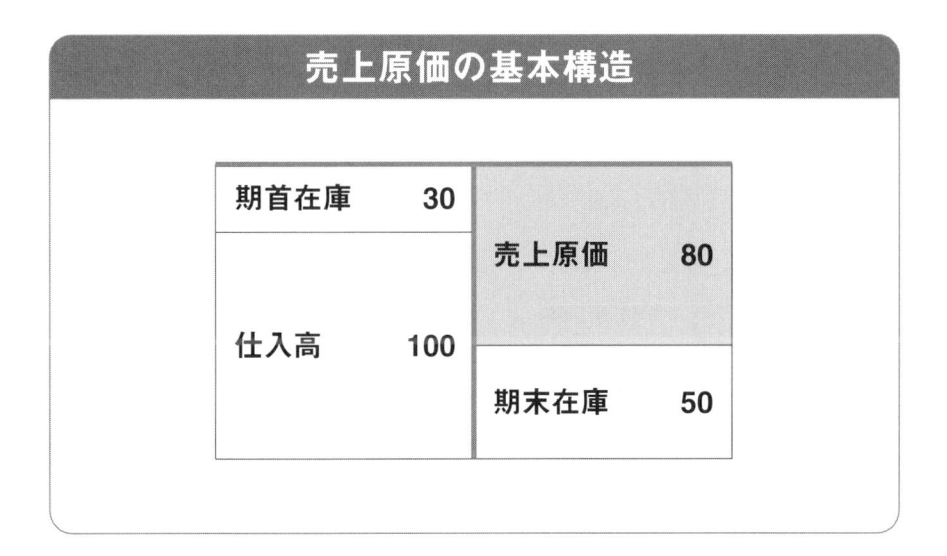

売上原価の基本構造

| 期首在庫 | 30 | 売上原価 | 80 |
| 仕入高 | 100 | 期末在庫 | 50 |

3つの構成要素の関係を忘れかけたら，このボックスを書いて数字をあてはめてみてください。それぞれの関係が頭の中ですっきり整理できるはずです。

さて，これら3つの要素のうち，経営分析を行う上でもっとも重要なのが期末在庫です。期首在庫は前期の期末在庫をそのまま書き写しているだけであり，当期の損益計算の上では与件として与えられているにすぎません。仕入高も売上高とのバランス，過去数期間の売上高および仕入高双方の伸び率等注意すべき点は少なくありませんが，当期の額そのものは比較的ごまかしのききにくい勘定科目です。

ところが，**期末在庫は期末に残っている商品の評価の仕方ひとつで残高が大きく変わるため，売上原価に及ぼす影響が大きい**のです。例

えば，実際には販売の見込みの立たない不良性の高い商品を良品として評価すれば，その分だけ期末在庫が大きくなるため売上原価は小さくなり，売上総利益は大きくなります。下の図をご覧ください。

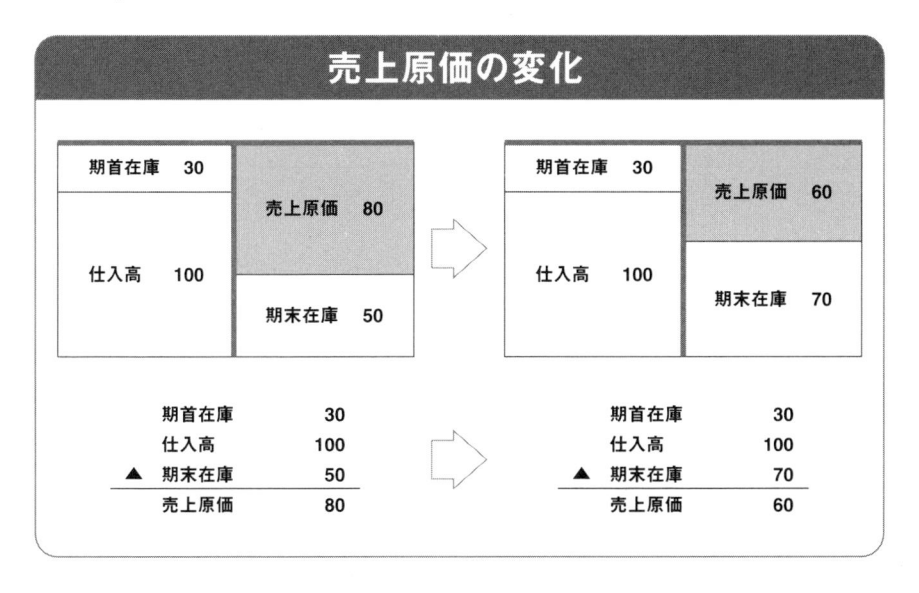

売上原価の変化

期首在庫	30
仕入高	100
▲ 期末在庫	50
売上原価	80

期首在庫	30
仕入高	100
▲ 期末在庫	70
売上原価	60

逆に，期末在庫の評価を厳しくして本来の数字以上に在庫を圧縮して表示すると，次頁の図のとおりその分だけ期末在庫が小さくなるため売上原価は大きくなり，売上総利益は小さくなります。

売上原価の変化

期首在庫	30	
仕入高	100	売上原価 80
		期末在庫 50

⇒

期首在庫	30	
仕入高	100	売上原価 100
		期末在庫 30

	期首在庫	30
	仕入高	100
▲	期末在庫	50
	売上原価	80

⇒

	期首在庫	30
	仕入高	100
▲	期末在庫	30
	売上原価	100

　このようなことから，期末在庫の妥当性，その推移には充分注意が必要です。

● 競争力の鍵を握る「売上総利益」

売上原価を売上高から差し引いたものが売上総利益です。一般には「粗利益」と呼ばれています。

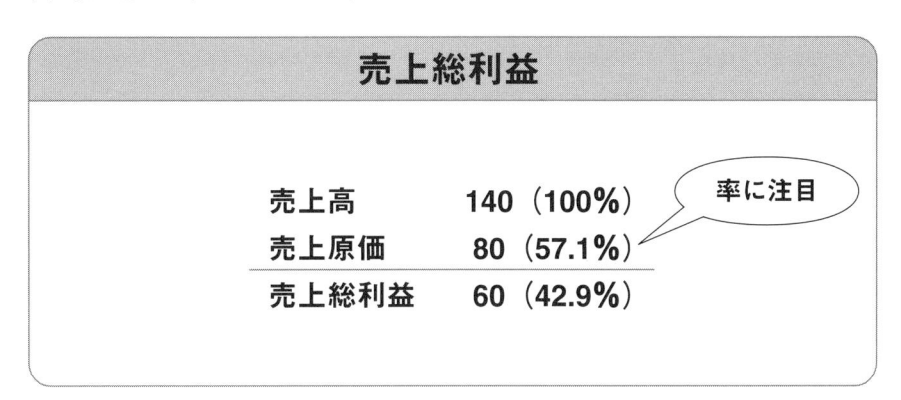

売上総利益		
売上高	140	（100％）
売上原価	80	（57.1％）
売上総利益	60	（42.9％）

（率に注目）

売上総利益はその額の大きさもさることながら，売上高に対する比率が大切です。そもそも売上総利益とは，ある意味で「**その会社の商品がどれだけの付加価値を有しているか**」を示していると言えます。売る側にとっては，「その商品をどれだけ高く売れるか（原価にどれだけ多くの利益を上乗せできるか」を示しているわけであり，買う側にとってみれば，「どれだけ高くても買う価値があると思うか」を示していると言えるからです。それゆえ，**売上総利益は当該企業の商品力（製品力）を示している**と言われたりもします。

したがって，売上高に対する売上総利益の比率（売上総利益率）が高ければ高いほど，当該企業の商品は市場の中で競争力が強い，あるいは企業内で創造する付加価値が大きいということになります。

このことを逆の面から見れば，売上総利益率が高い分だけ売上高に対して高い販売管理比率でも営業利益が出せるということであり，経

費の負担力が大きいわけです。常に額との見合いはありますが，有能な人材を採用するために高い給与を支払ったり，将来に向けて多額の研究開発費を投入したりする原資はここから生まれてくるのです。したがって，**売上原価構造，結果として生まれる売上総利益は，その企業の競争力の源(みなもと)とも言える重要な部分**です。

それゆえ，売上総利益額およびその率の推移，ならびに売上高販売管理費率との対応関係の検証は，当該企業の利益構造の安定度や不測の事態に対する危機対応力を見るうえで欠くことのできない作業です。

● 売上総利益と販売管理費の関係

　売上総利益から販売管理費を差し引いた残りが営業利益です。
　このあたりから徐々に細かい点が気になり始めます。販売管理費の中にはさまざまな費用が含まれており内容も多岐にわたるため，全体像を把握する前についつい枝葉の部分に目を奪われがちです。が，ここでこそ「大きく見て小さく見る」という分析作業の基本動作を思い起こしてください。
　販売管理費については，その構成要素である個々の費用の中身も大切なのですが，はじめに**利益構造全体に占める位置付けをしっかりと押さえておくことが重要**です。
　まず大切なのが売上高との関係です。
　販売管理費の額もさることながら，特に**売上高に占める割合，その比率（売上高販売管理比率）が重要**になります。これと，先に見た売上高総利益率（いわゆる粗利益率）が，**当該企業の利益構造の骨格を形成している**からです。
　ここで，売上高から営業利益までの構成要素を思い起こしてください。

営業利益までの構成要素

売上高	1,000	(100%)
売上原価	65	(65%)
売上総利益	**35**	**(35%)**
販売管理費	30	(30%)
営業利益	**5**	**(5%)**

（率の関係に注目）

　これに営業外収支を加味したのが経常利益ですが、**本業の事業性，収益性という意味ではここまで（営業利益まで）で勝負がついています**。営業外収支は金融収支を中心とする本業以外の収支ですから。

　ここから明らかなとおり，どれだけ多くの販売管理費を負担できるかは，どれだけ多くの売上総利益（粗利益）を稼げるかにかかっています。つまり，売上高総利益率が高いほど，売上高販売管理比率が高くても営業利益が出せるということになります。

　上の例の場合，売上総利益率が35％であるのに対して売上高販売管理比率は30％ですから，売上高営業利益率が差額の5％となっています。つまり，経費が予定以上にかさんだ場合の吸収余資（営業利益ベースでの余裕率）が売上高に対して5％あるということです。他の与件を不変とすれば，仮に次期以降で売上高販売管理比率があと2％上がっても3％の営業利益が確保できるということであり，あと5％上がれば営業損益がブレイク・イーブン（収支とんとん）となる構造です。財務構造が安定しており営業外収支がプラスの会社であれば，営業利益がゼロでも経常利益はプラスになりますが，多額の借入金を抱えて営業外収支がマイナスの会社であれば経常損益はマイナスとなっ

てしまいます。

　このように，販売管理費を見る場合には，まず売上高に占める比率，ならびにその比率の売上高総利益率との対比など，全体との関係を大きくつかんだうえで個々の中身に目を移していくことが必要です。

　下に，売上高販売管理比率の計算式と日本の上場企業の平均値をまとめておきましたので，参考にしてください。

売上高販売管理費比率

$$売上高販売管理費比率 = \frac{販売管理費}{売上高} \times 100 \,(\%)$$

売上高販売管理費比率

単位：％

	全業種	食品	繊維	鉄鋼	電気	自動車	建設	電力	商業	サービス
①	17.68	25.41	25.04	9.69	17.83	12.84	7.81	16.04	4.36	29.69
②	17.59	25.27	25.19	9.33	17.18	12.83	7.98	15.75	4.54	29.79

① 02年4月〜03年3月期
② 03年4月〜04年3月期

出典：「日経経営指標（全国上場会社版）2005」　2004年9月発行（日本経済新聞社）

● 利益の中身を見ることは経費の中身を見ること

　販売管理費の中身を見るうえでの留意点はいろいろありますが，大きなポイントは次の2点に集約されます。

> 1. 現在の利益を上げるために，どんな費用が使われているか
> 2. 将来のために，どんな先行投資をしているか

　「甘い利益」や「辛い利益」といった言葉を耳にしたことがあるでしょうか。「今期の利益は，……だから甘い。」「この会社の利益は，……だからずいぶん辛い利益だ。」といった使われ方です。

　企業の利益は会計基準や税法など一定のルールに従って算出されているにもかかわらず，その中身が「甘い」「辛い」といった言葉で表現される差を生むのはなぜなのでしょうか。

　その答えは，会計基準や税法などが処理方法に複数の選択肢を認めていることにあります。例えば，減価償却費の計上基準ひとつとっても，毎期同額を償却する定額法や毎期同率で償却する定率法など，同じ資産に対して複数の選択肢が認められています。定額法の場合，当該固定資産の耐用年数の全体にわたって一定の額で償却が進む一方，定率法の場合，耐用年数の前半ほど多額の償却が行われ，後半になるにつれて償却額が小さくなっていきます。本来は個々の固定資産がもたらす経済的便益の度合いにしたがって，合理的にその償却方法が決

定されるというのが原則です。例えば，物理的な耐用年数が7年であっても，技術革新に伴う実質的な老朽化その他の理由により，主たる経済的便益を耐用年数の前半にほとんど享受しつくしてしまう場合もあるでしょうし，逆に耐用年数の全体で均等にその経済的便益を享受できる場合もあるでしょう。このような**経済的便益の具現化パターンを合理的に判断し，そのパターンにしたがって会計処理が行われるというのが大原則**です。

しかしながら，実際には経済的便益の具現化パターンの判断とは違ったところで，その償却方法が決定されることがあります。「当面は経営環境が厳しいから償却額が少なくて済む定額法で処理しておこう」，逆に「市場の追い風が当分続くこともあってしばらくは多額の利益が出そうだから，当面の費用が多く計上できる定率法で処理しよう」といったケースです。**企業の業績を測定し記録するうえで非常に重要な原則である「収益と費用の期間対応」と「採用する処理基準の継続性」**が，個々の企業の決算に対する姿勢や決算方針で歪められてしまうような場合です。

このことを利益の中身という視点からとらえると，最初のケースは「甘い利益」ということになり，後のケースは「辛い利益」ということになるわけです。

このようにして生まれる**「利益の性格の違い」**を検証するうえでのポイントは，売上高の計上基準の変更，期末在庫の評価基準の変更など多岐にわたりますが，ここで取り上げる販売管理費の中にも注意すべきポイントが散在しています。減価償却費のほかにも，貸倒引当金などが注目点です。

また，**当期利益の中身の性格のみならず，当該企業の将来性を計るうえでも販売管理費の中身の精査は重要**です。販売管理費の中には，試験研究費，広告宣伝費など将来の収益性を高める効果をもつ費用も含まれています。使われた試験研究費が実際に将来の収益改善に寄与するかどうかは，研究や開発の成果次第であり，広告宣伝費が実際に将来の収益向上に寄与するかどうかは，広告宣伝の中身や手法次第であるのも事実です。しかしながら，**その額や売上高に占める割合の違いに，企業の将来に向けての布石の打ち方，姿勢，経営方針の違いが現れる**のもまた事実です。

　したがって，その検証が当該企業の将来性の判断材料になることは間違いありません。特に，同じ業界に属する競合他社との比較は有益です。

　そういう意味では**当期の収益性**だけでなく，**将来に向けての収益性を占ううえからも，販売管理費の中身のチェックは重要**であると言えます。

　このように，個々の費用の額や売上げに占める割合を見ることにより，その会社が売上げや利益をあげるにいたるプロセス，因果関係が見えるだけでなく，経営方針や（将来に向けての）戦略が見えてきます。したがって，**利益の中身を見ることは使われた費用の中身を見ることにほかなりません**。

●「営業利益」と「経常利益」

　売上総利益から，人件費，家賃，水道光熱費といった「一般管理費」と広告宣伝費や販売促進費などの「販売費」，つまり「販売管理費」を差し引いたのが「営業利益」です。**本業からの利益を増やす要素と，本業からの利益を増やすために犠牲になる要素を期間対応させた結果の差額分**です。

　先に見たとおり，売上総利益が当該企業の商品力あるいは製品力（商品や製品・サービスの付加価値の大きさを示すという意味で）を示しているとすると，営業利益はその商品や製品・サービスを売り込むための前線営業部隊や後方実務部隊等にかかる費用を加味した利益ですから，**当該企業の本業（基幹事業）の事業性・収益性を示している**と言えます。営業利益の額もさることながら，**営業利益の売上高に占める割合（売上高営業利益率）の大きさが，その企業の本業のコスト競争力，事業性・収益性の高さを示している**わけです。

　営業利益に営業外の収支を加味したのが経常利益です。
　営業外収支とは，その名の示すとおり営業活動以外の収支です。つまり，本業以外の収益と費用の対応関係です。**毎期経常的に発生する収益と費用の期間対応によって求められる損益には違いないのですが，本業の商品や製品・サービスの売買以外の収益と費用の対応関係**を示しています。
　その主なものは，受取利息や配当金といった収益と支払利息や割引料といった費用の対応関係を示す金融収支です。したがって，**営業外収支の良否は当該企業の財務体質の良否に大きく左右されます**。預金

が乏しく多額の借金をしている会社は当然のことながらこの損益がマイナスである一方，無借金経営の優良会社は通常この損益がプラスになっています。当該企業の資金政策にもよりますが，一般にはその**企業の基礎体力・財務体質をストレートに反映するのが営業外収支**です。

したがって，営業利益に営業外収支を加味した経常利益は，**基礎体力・財務体質を含めた当該企業の収益性**を示していると言えます。

企業の収益力を同業他社と比べる場合に，**本業のコスト競争力の差による部分と財務体質の差による部分を分けて見ることが重要**ですが，営業利益と経常利益の違いはまさにこの違いです。

参考までに，日本の上場企業の営業利益と経常利益の平均値をまとめておきます。

売上高営業利益率

単位：％

	全業種	食品	繊維	鉄鋼	電気	自動車	建設	電力	商業	サービス
①	4.50	3.42	5.39	4.38	2.26	5.87	2.20	12.38	0.65	9.23
②	4.94	3.95	6.25	7.08	3.19	5.78	2.90	12.42	0.72	8.69

① 02年4月〜03年3月期
② 03年4月〜04年3月期

出典： 「日経経営指標（全国上場会社版）2005」 2004年9月発行（日本経済新聞社）

売上高経常利益率

単位：％

	全業種	食品	繊維	鉄鋼	電気	自動車	建設	電力	商業	サービス
①	4.20	3.49	5.60	2.49	2.76	6.13	1.92	6.70	0.93	9.48
②	4.76	4.16	6.51	5.26	3.89	6.33	2.78	7.37	1.02	9.06

① 02年4月～03年3月期
② 03年4月～04年3月期

出典： 「日経経営指標（全国上場会社版）2005」 2004年9月発行（日本経済新聞社）

●「特別損益」と「税引前利益」

　売上高から経常利益までが企業本来の収益力を示す利益の階層構造です。これに特別損益を加味したのが税引前利益です。

　特別損益とは，その名の示すとおり経常的な経営活動以外に発生した特別な損益です。臨時的，非経常的な要因による損益であり，特定の年度に固有の要素の対応関係です。

　当該企業本来の収益力を示すには，ある会計期間にたまたま発生したような異常値あるいは非経常的な要素を取り除かねばなりません。震災など特定の会計期間にたまたま起きた特殊要因による大幅な減益要素や増益要素を経常的な経営活動の結果と一緒に表示したのでは，当該企業本来の収益力の大きさがわからなくなってしまうからです。

　したがって，経常利益に特別損益を加味した税引前利益は，当該年度すべての要素を含む総合的な収益力を示すと言えます。

● 税金と「当期純利益」

　税引前当期純利益から法人税や法人住民税の納付額を差し引いたものが当期純利益です。

　当期純利益は会社が自由に処分できる利益です。株主への配当ならびに内部留保への原資となるわけです。

　ここで注意したいのは，法人税や法人住民税の納付額です。さまざまな企業の損益計算書を見ていただくとわかるのですが，税引前当期純利益の額と法人税等の納付額との間には一定の相関関係があるようでいて，実際にはありません。現在の税率では税引前当期純利益のおおよそ40％程度の水準に多く分布していますが，明確な相関関係は存在しません。

　というのも，**企業会計上の利益の算出方法と税法上の利益（正確には「所得」）の算出方法の間には微妙な違いがあるため，税引前当期純利益と税法上の課税所得額が一致しない**のです。

　例えば，企業会計上はいくら交際費を使おうと費用として利益計算に反映させますが，税務上は一定の額までしか交際費として認められず損金処理が許されません。**結果として，会計上の費用と税務上の損金額との差額分だけ利益（所得）に開きがでる**のです。

　したがって，法人税等の納付額が一定の範囲を超える場合には，経費の中身や過去の損益の推移などを中心に税引前利益と法人税等の関係を注意深く検証する必要があります。

③ 他の留意事項を整理する

● 再び「長く見て短く見る」ことの意義について

　第1章の中で「長く見て短く見る」ことの重要性を指摘しました。年度を跨いで見ることにより，当該企業の財政状態や収益構造がより理解しやくすくなるからであり，業績の「流れ」をつかむことができるからです。

　企業の経営成績や財政状態は過去からの積み重ねによるものであり，現在の姿が独立して存在しているわけではありません。それゆえ，**過去からの「流れ」をつかむことにより業績が上昇傾向か下降気味かといった趨勢がわかるため，直近の業績についての判断ミスを未然に防げるばかりでなく，将来への展望も立てやすくなるわけです。**

　さて，ここで改めて「長く見て短く見る」ことの意義を確認するのには訳があります。先に，「甘い利益と辛い利益」についてふれたさい，会計制度が抱える恣意性の問題，すなわちひとつの事象に複数の代替的な処理方法を認めていることによる期間利益の歪みの問題を取り上げました。具体的には，減価償却費の定額法と定率法を例にその期間利益への影響を説明しました。

　一方で，この利益の歪みは，**1年という会計期間で利益の額を測定しようとするからこそ生じるのも事実です。**

　複式簿記が生まれた頃のイタリアでは，損益計算の単位が一航海，すなわち毛織物など西欧の産物を船で東洋に運び，帰りに香料など東

洋の産物を持ち帰るワン・サイクルでいくらの儲けがあったかを計算したと言われています。運と度胸がビジネスのもっとも大切な要素だった冒険的なロマン溢れる時代の話です。

　ところが，永続的に営まれることを前提とする今日の企業の場合にはそうもいかず，便宜的に一定の期間を区切って，その間に発生した収益と費用を対応させて差額を求めるという方法を損益計算の基本にしています。したがって，工場やそこに設置された生産設備などの固定資産も，当該会計期間にそれらの設備がもたらす経済的便益の額を特定して期間損益に反映させなくてはなりません。ここで生まれるのが，さきほどの複数の代替的処理の問題でした。

　ところが，個々の設備がその耐用年数の全期間でもたらす経済的便益の額は一定であるはずです。個々の固定資産がもたらす耐用年数の全経済的便益を，損益を計算する期間毎に配分しようとするから矛盾が発生するわけです。定率法で耐用年数の前半により多くの経済的便益を配分し後半により少ない便益を配分したり，定額法で耐用年数の全期間に一定の額を配分したりといったことです。

　逆に言えば，どちらの償却方法を採用しようが，耐用年数の全期間にあたる会計期間全体で比較すれば償却額の合計は変わりません。ためしに，1,000万円の機械を定額法で償却した場合と定率法で償却した場合の毎年の償却額の変化と，償却額の総額を比較した次頁の表をご覧ください。

　定額法の場合は，毎年同じ金額が償却額として費用計上される一方，定率法の場合は耐用年数の前半に大半が償却されるため耐用年数の前半に多く費用計上されるわけです。ところが，5年間のトータルで見てみれば，どちらで償却しても900万円が費用計上されることになり

ます。

減価償却費の比較

単位：万円

	1年目	2年目	3年目	4年目	5年目	小計	残存価額	合計
定額法	180	180	180	180	180	900	100	1,000
定率法	369	233	147	93	58	900	100	1,000

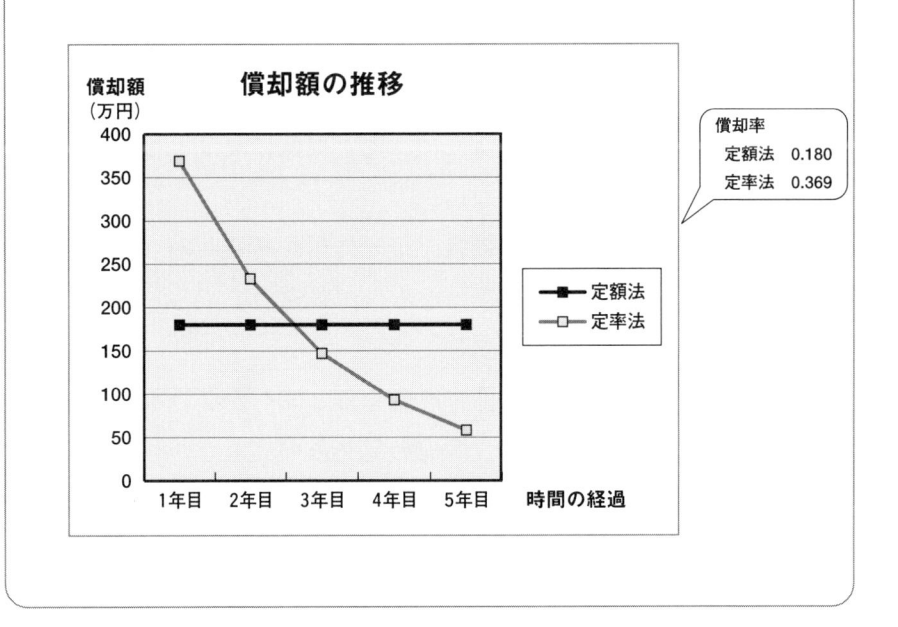

償却額の推移

償却額（万円）／時間の経過

償却率
定額法　0.180
定率法　0.369

　これは，会計制度が抱える矛盾も長い期間でとらえればその影響が小さくなることを意味します。「長く見て短く見る」ことの意義はこんなところにもあるわけです。

● 売上原価の自己復元作用

　これも，ある意味では「長く見て短く見る」ことの効用のひとつです。

　企業の収益力の 源(みなもと) は売上総利益であり，それを生み出す売上原価構造には充分注意が必要であることを先に指摘しました。この売上原価を構成する3つの要素，すなわち期首在庫，仕入高，そして期末在庫のうち，経営分析を行う上でもっとも重要なのが期末在庫であることも先述のとおりです。期末在庫は期末に残っている商品の評価の仕方ひとつで残高が大きく変わるため，売上原価に及ぼす影響が大きいからです。

　ところが，この売上原価には自己復元作用があるため，2期を通して合計値でとらえれば同じ結果となるのが普通です。

　例を使って具体的に見てみましょう。

　次頁の例は，期末在庫を普通に評価すると50しかないものを70に水増しして評価したケースです。販売の見込みの立たない不良性の高い商品などを良品として評価することにより，その分だけ期末在庫を大きく表示しているようなケースです。結果的に売上原価は小さくなるため，見かけ上（実態よりも）多く売上総利益が出ることになります。

期末在庫の水増しによる売上原価の変化

| 期首在庫 30 | 売上原価 80 |
| 仕入高 100 | 期末在庫 50 |

⇒

| 期首在庫 30 | 売上原価 60 |
| 仕入高 100 | 期末在庫 70 |

ところが，翌期末に正しく在庫を計上すれば，翌期の売上原価が見かけ上（実態より）大きくなるため，2期間の売上原価の合計は等しくなります。次頁の比較表をご覧ください。

売上原価の自己復元作用

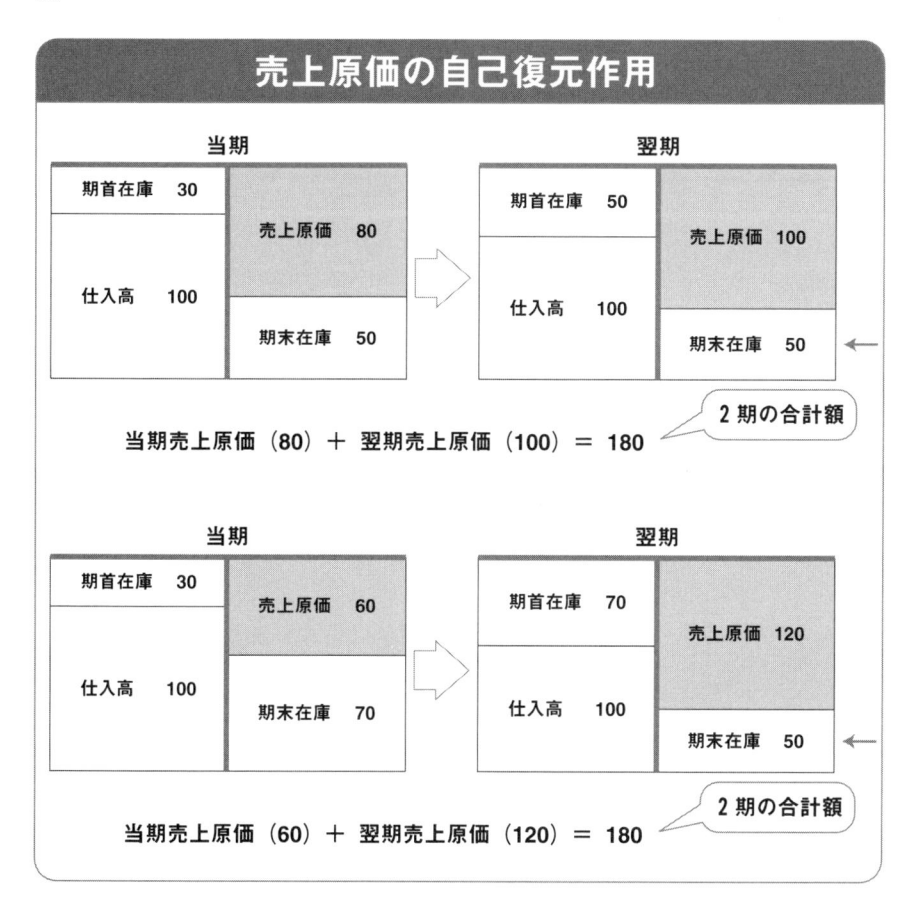

当期
- 期首在庫 30
- 仕入高 100
- 売上原価 80
- 期末在庫 50

翌期
- 期首在庫 50
- 仕入高 100
- 売上原価 100
- 期末在庫 50

当期売上原価（80）＋ 翌期売上原価（100）＝ 180　←2期の合計額

当期
- 期首在庫 30
- 仕入高 100
- 売上原価 60
- 期末在庫 70

翌期
- 期首在庫 70
- 仕入高 100
- 売上原価 120
- 期末在庫 50

当期売上原価（60）＋ 翌期売上原価（120）＝ 180　←2期の合計額

　ただし，翌期末の在庫は適正値であることが大前提です。翌期以降も在庫を水増しして表示し続ければ，当然のことながらいつまでたっても正しい結果は得られません。

●「利益の中身」いろいろ

　これまで「利益の中身」を見るさいの着眼点をいくつか紹介してきました。損益的アプローチと財産的アプローチによる利益のとらえ方の違い，階層別に利益を整理することなどです。これらの着眼点に共通するのは，いずれも利益全体をひとつのかたまりとしてとらえている点です。

　全体をひとかたまりにしてとらえると，より多くの資本を運用している大企業の方が，より小さな資本を運用している中小企業よりも売上高，利益ともに大きくなるのが普通です。また，より多くの従業員を使っている大企業の方が，少ない従業員を使っている中小企業よりも売上高，利益ともに大きくなるはずです。最近は活力を失っている大企業も多いため，特に利益については必ずしもこの常識が通用しないケースも増えているようですが。

　いずれにせよ，資本規模や従業員規模が大きく異なると，同じ業種に属する企業であっても企業間相互の比較がしにくくなります。

　そこで，ここでは少し違った視点からの利益のとらえ方について考えてみます。利益全体をひとかたまりにしてとらえるのでなく，もう少し小さい単位でとらえる手法です。

　例として次頁に業種ごとに一人あたりの売上高および利益をまとめておきますので，参考にしてみてください。

1人あたり売上高

単位：万円

	全業種	食品	繊維	鉄鋼	電気	自動車	建設	電力	商業	サービス
①	8,698	10,650	5,018	7,664	6,669	9,039	8,204	10,997	44,691	5,248
②	9,016	11,132	5,184	8,581	7,104	9,447	8,167	11,115	44,716	5,319

① 02年4月〜03年3月期
② 03年4月〜04年3月期

出典： 「日経経営指標（全国上場会社版）2005」 2004年9月発行（日本経済新聞社）

1人あたり当期純利益

単位：万円

	全業種	食品	繊維	鉄鋼	電気	自動車	建設	電力	商業	サービス
①	103.50	144.40	35.20	-95.90	46.00	242.00	-194.60	441.50	27.70	121.70
②	189.60	139.00	154.80	192.40	160.50	284.00	110.50	485.10	158.20	198.80

① 02年4月〜03年3月期
② 03年4月〜04年3月期

出典： 「日経経営指標（全国上場会社版）2005」 2004年9月発行（日本経済新聞社）

● 1株あたりの利益

　運用資本の多寡に影響されることなく企業間の収益性の良否を見たければ，株主資本１単位あたりの利益，すなわち１株あたりの利益を比較する方法があります。「１株あたりの利益」は，当該決算期の利益の総額を期中平均発行済み株式数で割ることにより求められます。期中平均の発行済み株式数を使うのは，対象が期間利益だからです。「１株あたりの純資産」を求める場合には，（期末の資産残高が対象となるため）期末の発行済み株式数を使うことと併せて記憶しておくとよいでしょう。

　なお，「１株あたりの利益」を求めるさい使用する利益は税引後の当期純利益が一般的です。１株あたりの利益が問題になるのは，通常１株ごとの株主に対する利益還元余力がどれだけあるかを見るのが目的だからです。

　ご存知のとおり，株主に対する配当は税引後の当期利益から配分されるため，株主に対する利益還元余力を見ようとすれば税引後当期純利益が適当なわけです。

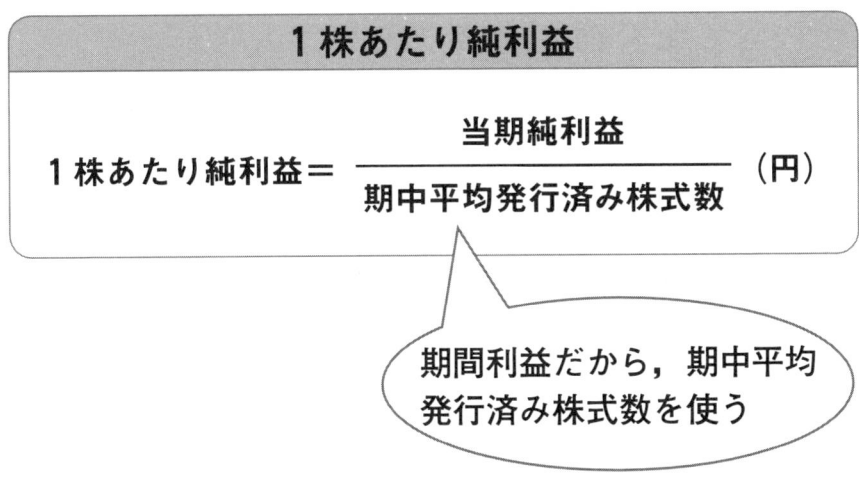

1株あたり純利益

$$1株あたり純利益 = \frac{当期純利益}{期中平均発行済み株式数}（円）$$

期間利益だから，期中平均発行済み株式数を使う

1株あたり純資産

$$1株あたり純資産 = \frac{当期純利益}{期末発行済み株式数}（円）$$

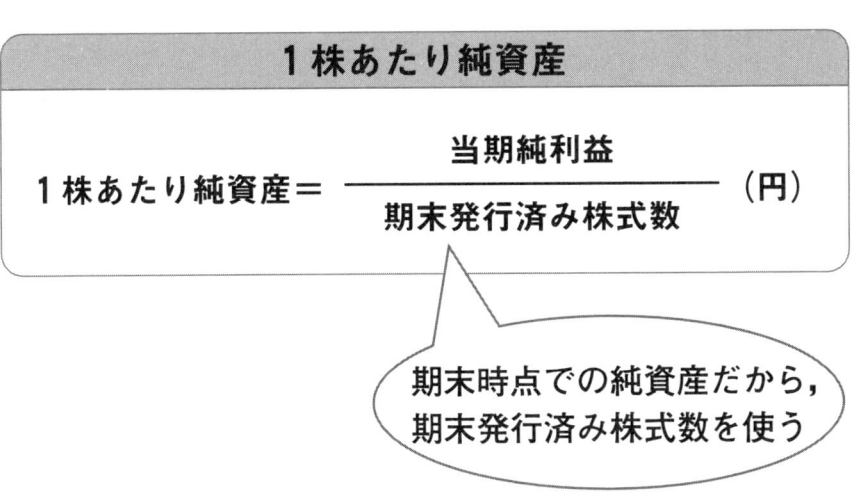

期末時点での純資産だから，期末発行済み株式数を使う

　なお，純資産とは株主資本（自己資本）のことです。総資産から負債総額を差し引いたものが「純資産」だからです。

純資産

```
              ┌─────────┬─────────┐
              │         │  負 債  │
   総資産  ┤  │  資 産  ├─────────┤
              │         │ 株主資本 │ ┤ 純資産
              └─────────┴─────────┘
```

純資産 ＝ 総資産 － 負債総額

　なお，この「純資産」は帳簿上の残高を基（もと）に計算しているため，土地や有価証券などの含み損益は反映していません。誤解のないようにしてください。

　参考までに，業種ごとの「1株あたり純利益」および「1株あたりの純資産」をまとめておきます。

1株あたり純利益

単位：円

	全業種	食品	繊維	鉄鋼	電気	自動車	建設	電力	商業	サービス
①	15.28	20.94	3.28	-3.87	8.48	42.71	-35.62	116.37	2.73	42.52
②	26.80	18.80	13.46	6.86	27.24	50.22	19.86	123.72	15.02	68.25

① 02年4月～03年3月期
② 03年4月～04年3月期

出典：「日経経営指標（全国上場会社版）2005」 2004年9月発行（日本経済新聞社）

1株あたり純資産

単位：円

	全業種	食品	繊維	鉄鋼	電気	自動車	建設	電力	商業	サービス
①	574.66	711.00	365.03	158.09	650.87	724.99	405.46	1,516.81	466.49	1,220.38
②	605.64	722.31	381.61	173.51	681.76	762.59	455.59	1,604.62	502.05	1,301.46

① 02年4月～03年3月期
② 03年4月～04年3月期

出典：「日経経営指標（全国上場会社版）2005」 2004年9月発行（日本経済新聞社）

第4章

「財産の持ち方」を見る

■ 会社の安定性とは？ ■

おもに仮説をどう検証するかについての話です。この章では,「財産の持ち方」という視点から検証の具体的手法を解説します。

① なぜ見るのか

● 会社の安全性を見る

　第2章「元手の活かされ方を見る」の中で，企業がいかに少ない資本でより多くの利益をあげているか，つまり投下資本の効率性についてさまざまな角度から検証しました。確かに，少ない資本でより多くの利益をあげられればそれに越したことはありません。それだけ効率的に儲けているということであり，収益性の面からは申し分ないわけです。

　また，最近のようにＲＯＥ（株主資本利益率）の向上が声高に叫ばれるようになると，その分母となる株主資本（自己資本）の成長には殊のほか神経質になる向きもあるようです。確かに，資本市場の変化やそれに伴うコーポレート・ガバナンスのあり方の変化をうけて，1株あたりの価値を安定的に成長させようとすれば，**調達資本全体に占める株主資本の割合をどう保つかは各企業にとって重要な戦略的課題**と言えます。

　第2章でも指摘したとおり，財務構造の安定性を無視してＲＯＥの極大化を追求しようとすれば，総資本に占める負債の比率を高くしてレバレッジ効果をフルに活かす手もなくはありません。しかしながら，ある一定のレベルを超えるとレバレッジ効果によるＲＯＥの改善効果も，それに伴う経営リスクの増大によって相殺されてしまうため，実際には**収益性と安定性のバランスを取りながら経営の舵取りを行う**こ

とになります。

　「ゴーイング・コンサーン（Going concern：継続企業）」と言われるように，**企業は永続的に存在しつづけるというのが前提であり，収益性の向上もさることながら長期的な安定基盤をいかに確保するかが各企業にとってもう一方の重要課題**だからです。

　企業を取り巻く外部環境は変化の連続であり，さまざまな不測の事態に臨機応変に対応する基礎体力が必要です。特に，最近は技術の進歩が早いため，外部環境の変化のスピードも著しく早まっています。加えて，現在の日本のように経済の確実な成長が容易には見込めない中にあっては，企業の財務基盤の安定性は不可欠です。

　こうしたことから，財務構造の安定性の検証作業は今までになく重要になっていると言えます。

● 会社の支払能力を見る

　「金の切れ目が縁の切れ目」ではありませんが，企業は約束の期日に代金の支払いが行えないと倒産してしまいます。「黒字倒産」という言葉があるように，企業倒産は長年赤字が続いている企業だけに起きるとは限りません。市場の中で競争力の高い商品をもっていたり，将来性の高い研究成果を有する企業や技術開発に成功した企業など，将来を嘱望（しょくぼう）されている企業が倒産の憂き目に遭うことも少なくありません。優れた技術力や商品力があっても，適切な資金管理ができないと企業は生き残れないのです。

　こうしたことから，「資金繰り」の良否が企業の死命を制する場面も少なくないわけですが，**貸借対照表の分析により，各企業の「支払能力」がある程度推定可能**です。

　米国では，以前からStatement of Cash Flows（キャッシュ・フロー計算書）という資金の流れを開示する計算書が，損益計算書や貸借対照表とともに基本財務諸表のひとつになっており，貸借対照表以外にも資金の流れや「支払能力」を検証する材料が存在します。日本でも株式を公開している企業や，社債などにより資本市場から資金を調達している企業に限って，「有価証券報告書」の中で連結キャッシュ・フロー計算書を開示することが義務づけられ，重要な判断材料が加わりました。

　ところで，時点計算を基本とする貸借対照表と期間計算を基本とする損益計算書の数値を組み合わせることにより，資金の流れを別の角度から検証することも可能です。この点については第6章「金の流れを見る」で詳述します。

いずれにしても,当該企業が円滑な経営活動の前提条件を備えているか,短期的に資金繰りに詰まるようなことはないか,といったことを検証するうえから,「財産の持ち方」をチェックする必要があるのです。

　なお,「財産の持ち方」の分析作業が「元手の活かされ方」など他の視点からの分析作業と密接不可分であることは,これまでも繰り返し指摘してきたとおりです。

② 着眼点を整理する

● 資本構成が適当か

　目の前にうまい儲け話がある一方，低い金利でお金が借りられるとなると，人間誰しもつい「借金をしてでも，やってみるか」といった気持ちになりがちです。例えば，目の前の儲け話を利回りに換算すると年利10％にもなる計算ができる一方，借金の利息が年利３％だったら，金利を払ってもお釣りがくると思うわけです。

　企業でも同じようなことがしばしば起こります。特に，戦後日本の経済が急成長を遂げる中で事業の成長ペースに株主資本の成長が追いつかなかった頃には，高いインフレ率にも後押しされる形で「借金経営」が幅をきかせた時代もありました。経済全体が右肩上がりで成長しているため多少計画に無理があっても，「結果オーライ」となることも少なくなかったという事情もあったでしょう。

　ところが，経済が低成長時代を迎え，なかなか計画通りに話が進まなくなると，借金頼みの経営に潜む大きなリスクが顔を覗かせるようになり，経営者にとっても投資する側にとっても資本構成の適否が重要な点検事項となるわけです。

　一方，最近のＲＯＥ（株主資本利益率）重視の風潮の中で，経営者の間で株主資本の必要以上の成長を押さえたいという欲求が生まれているのも事実です。低成長下にあって思うように利益が確保できない

中，バブル崩壊前のように安易にエクイティ・ファイナンスなどで株主資本を増やしてしまうとＲＯＥを改善することが難しいからです。

　そうした意味では，個々の企業にとって「これこそが完璧な資本構成」と言い切れる形を特定するのは簡単ではありません。厳密に言えば，企業によって資本運用に伴うリスク管理能力のレベルは異なるわけですし，一見同じように見える運用資産の内容も実際には大きく異なることが少なくないからです。

　そもそも，投下資本の「**効率性**」と「**安定性**」という背反する指標をどう満たすか，という問題は決して簡単な経営課題ではありません。ここで取り上げる「**資本構成の適否**」の判断にはこうした**本質的な課題**を含んでいることを押さえておく必要があります。

　さて，ここからが本論です。
　ここでのメインテーマは当該企業の「安定性」の検証です。つまり，企業が永続的に存続していくうえで不可欠な「**財務構造の安定性**」という視点から，「**資本構成の適否**」を検証します。

　具体的には，貸借対照表の右側，資本の調達状況の適否を検証することになります。この作業でのもっとも基本的な着眼点は**総資本に占める株主資本（自己資本）の割合**です。

　次頁の図をご覧いただければわかるとおり，**会社の運営に使われているすべての資本のうち，どれだけの部分が「返済の必要のないお金」でまかなわれているかを見る**わけです。改めて言うまでもなく借金はいずれ返済しなくてはならないわけですから，安定した調達原資とは言えません。会社の業績が好調で資金がうまく回転している間はそれほど問題になりませんが，いったん業績に陰りが生じるとたちまち返

済に支障をきたしかねません。したがって，調達資本のどれだけの部分が安定的な資本であるかを見るわけです。

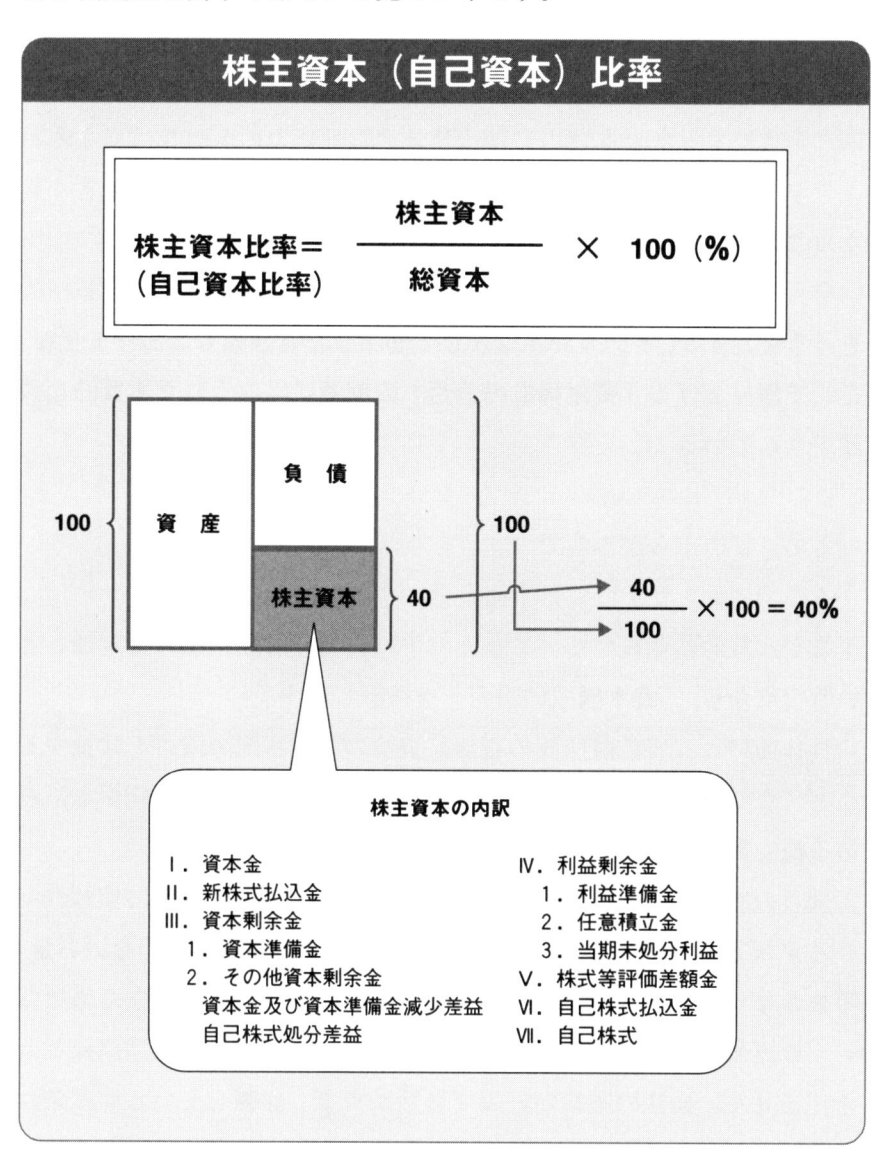

株主資本（自己資本）比率

$$株主資本比率（自己資本比率） = \frac{株主資本}{総資本} \times 100 \,(\%)$$

資産 100 ／ 負債 ＋ 株主資本 40

$$\frac{40}{100} \times 100 = 40\%$$

株主資本の内訳

I．資本金
II．新株式払込金
III．資本剰余金
　1．資本準備金
　2．その他資本剰余金
　　資本金及び資本準備金減少差益
　　自己株式処分差益
IV．利益剰余金
　1．利益準備金
　2．任意積立金
　3．当期未処分利益
V．株式等評価差額金
VI．自己株式払込金
VII．自己株式

当該企業の安定性という視点から言えば，株主資本比率（自己資本比率）は高いに越したことはありません。ただし，先にふれたとおり，株主資本利益率を改善するうえではマイナスに働く場合もあるため，企業の資本政策を考慮しながら判断することが必要です。**株主資本の蓄積がある程度進んでいる一方，運用資産の中身が健全であり，資本運用のリスク管理能力も高い企業などでは，株主に対する利益還元能力の確保との兼ね合いで高度な経営的判断が介在している場合もある**からです。

　下に全国の上場企業の平均値を表にしておきますので，参考にしてください。

株主資本（自己資本）比率

単位：％

	全業種	食品	繊維	鉄鋼	電気	自動車	建設	電力	商業	サービス
①	35.79	51.98	51.03	33.41	46.81	50.52	25.84	18.65	22.19	24.59
②	37.52	53.10	53.68	36.36	49.22	51.66	30.24	20.25	23.89	26.94

① 02年4月～03年3月期
② 03年4月～04年3月期

出典：「日経経営指標（全国上場会社版）2005」 2004年9月発行（日本経済新聞社）

● 支払能力があるか

次に取り上げるのは企業の支払能力の話です。ここでは，その中でも「当面の支払能力」，すなわち短期的な支払能力を検証します。

その性格から，すぐにでも支払いに回せる現金をどれくらい保有しているか，あるいはそれほど時間を置かずに現金に換わる資産をどれだけ保有しているかが，まず問題となることはご想像がつくはずです。と同時に，別の側面から見れば，すぐに払わなくてはならない債務をどれだけ抱えているか，あるいはそれほど時間を置かずに払うことになる債務をどれだけ抱えているかを検証しなくてはならないことも想像に難くないでしょう。

したがって，ここでは**貸借対照表の左側，ならびに左側と右側のバランスの検証が中心**になります。特に，**貸借対照表の中でもすぐに支払いに回せる資産は表の左側上部に集まっており，すぐに支払わねばならない債務は表の右側上部に集まっているため，おもに使うのは貸借対照表の上半分**です。

ここでは，具体例を使って検証のポイントを解説します。

次頁に表示したのは，売上げのほぼ同規模のA社とB社の貸借対照表です。ご覧になればわかるとおり，両社の資金調達状況（表の右側）はまったく同じです。違っているのは，「調達してきた資金をどう運用しているか」を示す表の左側だけです。

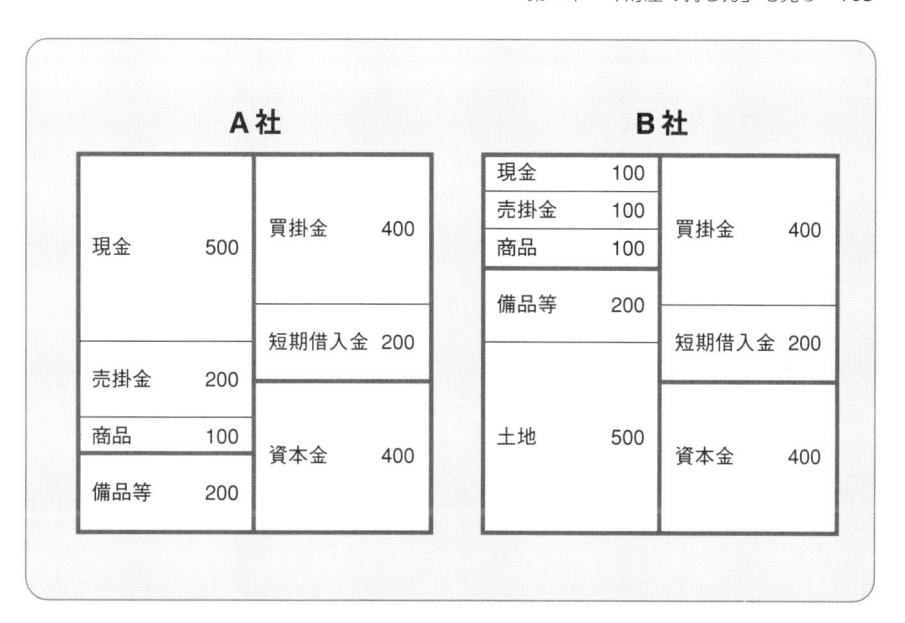

A社	
現金　　　500	買掛金　　400
売掛金　　200	短期借入金　200
商品　　　100	
備品等　　200	資本金　　400

B社	
現金　　　100	買掛金　　400
売掛金　　100	
商品　　　100	
備品等　　200	短期借入金　200
土地　　　500	資本金　　400

　この２社を比べた場合，どちらの方が「当面の支払能力」が高いとお感じになりますか。特に財務の専門知識を持ち合わせなくてもA社だとお感じになりませんか。なぜなら，B社に比べA社の方がすぐに支払いに回せる現金を圧倒的に多く持っているからです。

　買掛金が掛けで商品等を購入したさい発生する支払義務であり，近い将来支払期限が到来することを知っていれば，その印象はさらに強くなるはずです。B社は支払義務総額の４分の１しか現金を持っていないのに対し，A社は支払義務総額より100万円も多く現金を保有しているからです。

　また，売掛金が掛けで商品を販売したさいに発生する代金請求権であり，近い将来現金に換わることを知っていれば，この印象はほとんど確信に近いものになるのではないでしょうか。

　上の図で現金や売掛金を含む太線内のグループは流動資産と呼ばれ

ます。このグループは比較的短期間に現金に換わる予定の資産群であり，それ以外の資産グループ（固定資産）と区別されます。

　一方，資金の調達状況を示す表の右側のうち他人資本も，比較的短期間に現金で支払わねばならないグループ（流動負債）と，それ以外のグループ（固定負債）に区別されます。

　この区分にしたがって前頁の図を書き改めたのが次頁の図です。

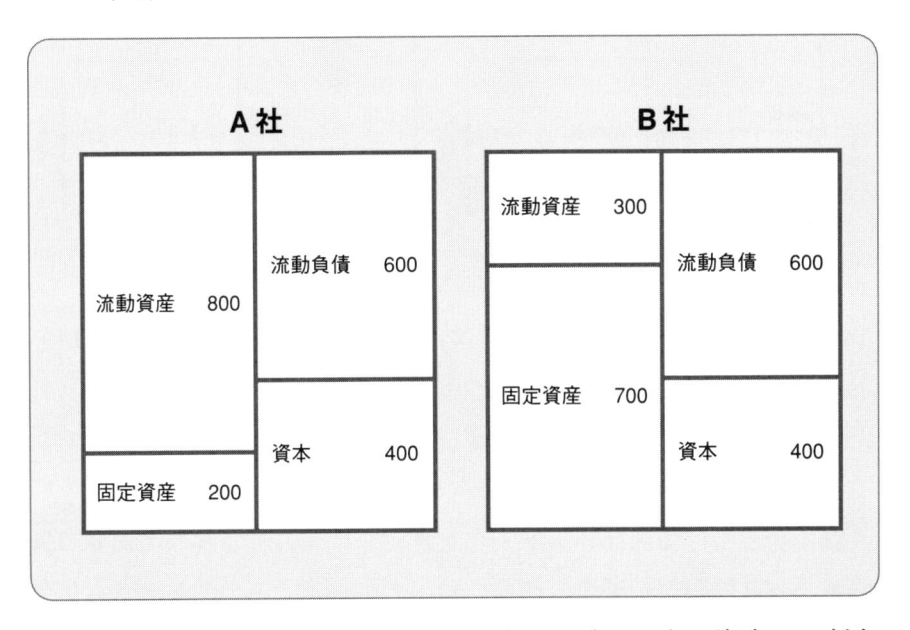

```
A社
流動資産　800        流動負債　600
                    資本　　　400
固定資産　200

B社
流動資産　300        流動負債　600
固定資産　700        資本　　　400
```

　この図から明らかなとおり，B社の方は調達してきた資金の7割を土地や備品といった固定資産に使っているため，（それほど時間を置かずに現金となりうる）流動資産は全体の3割しかありません。中でも即座に支払いに回せる現金は全体の1割にすぎません。

　一方，A社の方は調達した資金のうち固定資産に回しているのは全体の2割にすぎず，8割が流動資産です。

　また，買掛金の他1年以内に返済期限が到来する短期借入金も含む

流動負債を流動資産と比較した場合，B社は期近に訪れる支払債務に対する備え（期近に現金になる資産）が半分しかありません。これに対しA社の方は，期近に訪れる債務に対する備えが充分（流動資産が流動負債より200万円も多い）あります。

資金の調達状況はまったく同じ両社ですが，左右のバランス，すなわち調達と運用のバランスという視点から眺めると，A社の方が安定感に優れていることは疑いようがありません。

このように，主として**現金ないし短期間のうちに現金に換わる資産のグループ（流動資産）と，短期間のうちに現金で支払わねばならない負債のグループ（流動負債）を比べて，そのバランスをチェックするのが当面の支払能力を検証する基本動作**です。流動資産と流動負債の比率をチェックすることから一般に「流動比率」と呼んでいます。

流動比率

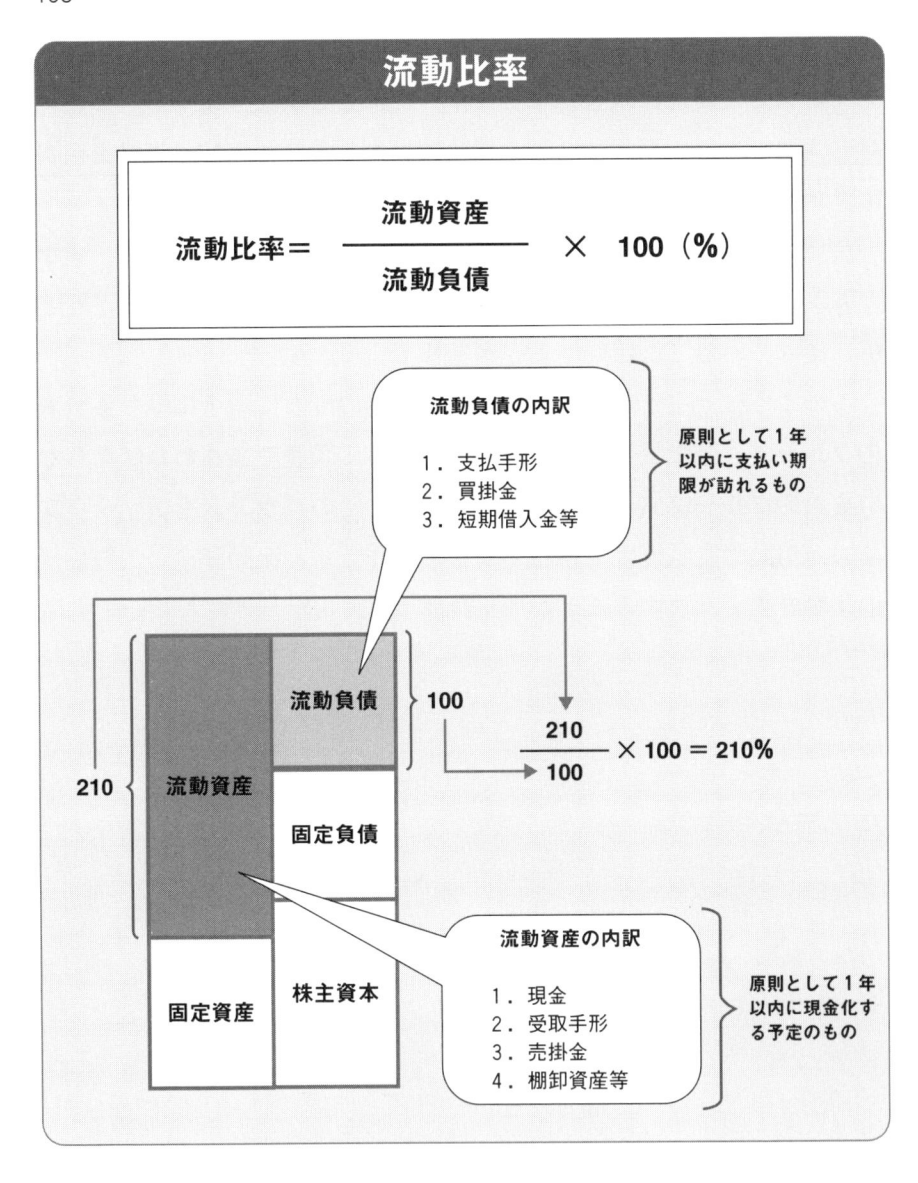

$$流動比率 = \frac{流動資産}{流動負債} \times 100 (\%)$$

流動負債の内訳
1. 支払手形
2. 買掛金
3. 短期借入金等

原則として1年以内に支払い期限が訪れるもの

流動資産の内訳
1. 現金
2. 受取手形
3. 売掛金
4. 棚卸資産等

原則として1年以内に現金化する予定のもの

$$\frac{210}{100} \times 100 = 210\%$$

この比率は「2対1の原則」とも言われるように，流動資産が流動負債の2倍以上あることが理想とされています。ただし，実際には当

該企業の**業種によって一概に言い切れない面があるのも事実**です。特に，小売業など日銭が入る業種と建設業など請け負った契約の完遂に長い時間を要するような業種とでは，おのずとその判断基準も変わってきますし，電力業のように多額の設備投資を要する業種では固有の判断基準が必要です。当該企業の業種が有するビジネスの特色を考慮に入れて判断するよう心がけたいものです。下の図表で業種毎の違いを確認してください。

流動比率

単位：％

	全業種	食品	繊維	鉄鋼	電気	自動車	建設	電力	商業	サービス
①	119.44	130.44	132.33	101.90	133.41	129.33	114.90	55.36	117.35	132.23
②	122.93	138.55	143.92	103.44	137.14	126.83	116.14	63.53	125.30	135.17

① 02年4月～03年3月期
② 03年4月～04年3月期

出典：「日経経営指標（全国上場会社版）2005」 2004年9月発行（日本経済新聞社）

● より厳しくチェックする

「当面の支払能力」をさらに厳しくチェックする手段として,「当座比率」の検証作業があります。**当座比率とは,流動資産の中でもより現金に近い資産だけを取り上げて流動負債と対比させた比率**です。

具体的には,**流動資産の中から棚卸資産を差し引いた残りの資産群を当座資産として区分し,これを流動負債と対比させて比率を算出**します。流動資産の中から棚卸資産を差し引くのは,他の流動資産に比べ現金化されるまでの時間が比較的長いだけでなく,不安定でもあるからです。

棚卸資産が現金で販売されて即座に現金に換わる場合もないとは言えませんが,一般的には販売されるまでの在庫期間があり,販売されたとしても掛け販売であればいったん売掛金に換わり,さらに受取手形を経てようやく現金になる,といった具合に長い期間を要します。業界によっては,手形のユーザンスが半年以上に及ぶ場合すらあります。こうしたケースでは流動資産とは言っても実際には現金化までに1年以上かかる場合もあり,「当面の支払能力」を検証する材料としてはふさわしくないこともありえます。棚卸資産の中に不良性の高いものが含まれている場合はなおさらです。

そこで,**棚卸資産を外した当座資産と流動負債の対応関係をチェックして,当面の支払能力をさらに厳しく検証する**わけです。

この比率は「1対1の原則」とも言われるように,**当座資産が流動負債と同額以上あることが理想**とされています。ただし,当該企業の業種によって一概に言い切れない面があるのは流動比率と同じです。

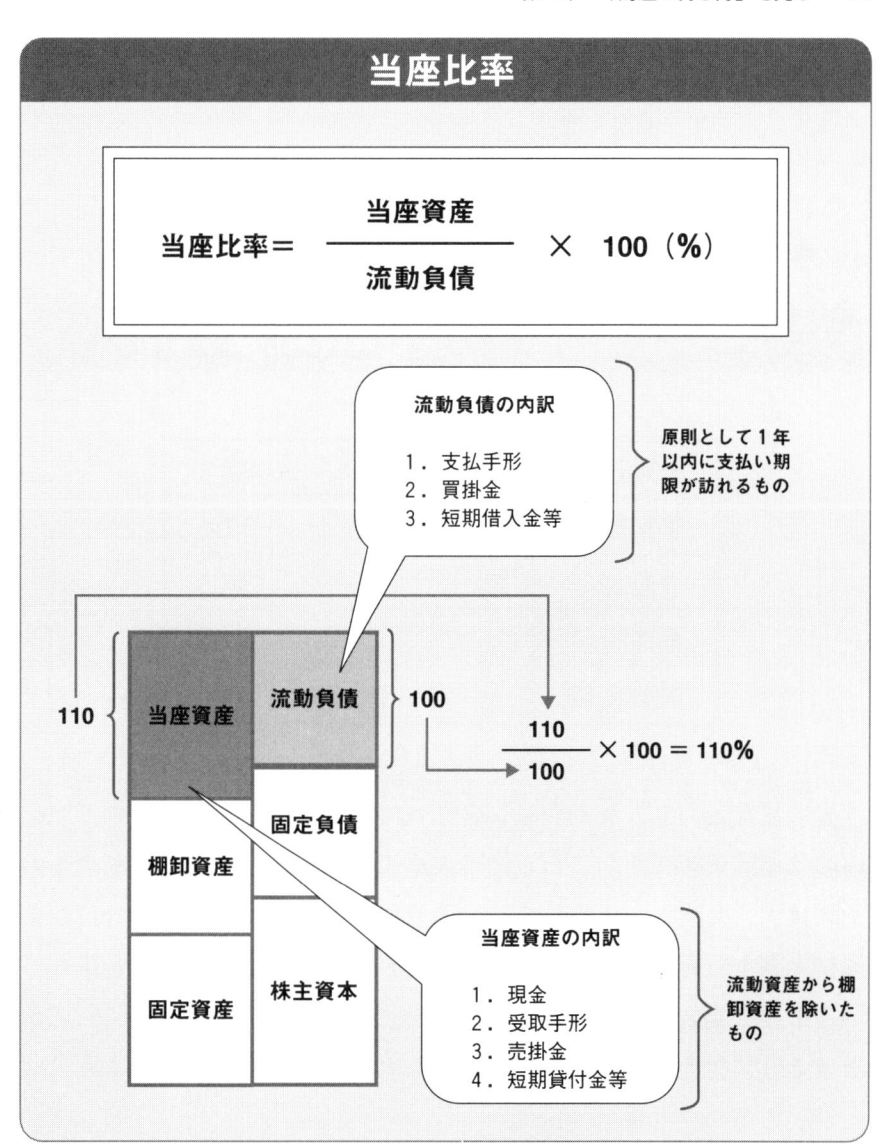

当座比率

$$当座比率 = \frac{当座資産}{流動負債} \times 100\ (\%)$$

流動負債の内訳
1. 支払手形
2. 買掛金
3. 短期借入金等

原則として1年以内に支払い期限が訪れるもの

当座資産 110
流動負債 100

$$\frac{110}{100} \times 100 = 110\%$$

棚卸資産
固定負債
固定資産
株主資本

当座資産の内訳
1. 現金
2. 受取手形
3. 売掛金
4. 短期貸付金等

流動資産から棚卸資産を除いたもの

　ところで，**当座比率は流動比率と併せて検証することが大切**です。意外なことが発見できる場合があるからです。

例えば，次頁に示したようなケースです。

このケースでは，流動比率だけを見ると200％（流動資産が流動負債の2倍あるということ）という健全な数値を示していますが，当座比率は50％しかありません。この違いはどこから生まれるのでしょうか。答えの鍵は，流動資産と当座資産の中身の違いにあります。

流動比率と当座比率の比較

流動比率	200％
当座比率	50％
流動資産	200
当座資産	50
流動負債	100

先に見たとおり，流動資産に含まれていて当座資産に含まれていないのは棚卸資産です。この資産の大小により，流動比率と当座比率の結果は大きく変わってきます。つまり，業種の特性から棚卸資産が極端に大きかったり，棚卸資産の中に不良性の高い資産が多く含まれているような場合には，流動比率だけを見ると当面の支払能力に問題がなさそうに見えても，当座比率を見ると首をかしげたくなるようなことが起こるわけです。

流動資産の中身が違いをもたらす

```
流動資産 ┤ 当座資産  50      流動負債  100
         │ 棚卸資産 150
```

（棚卸資産のしめる割合が大きい）

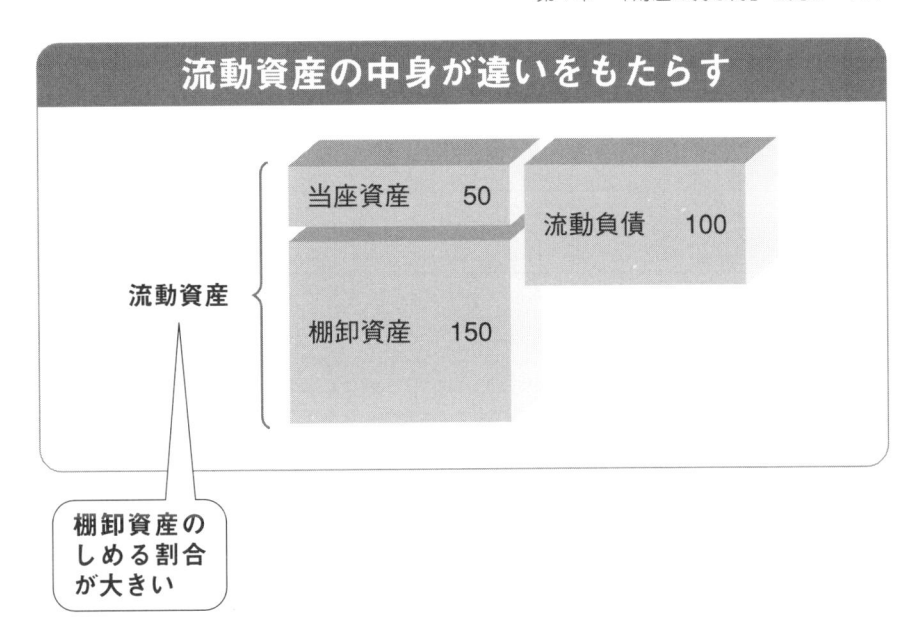

　ただし，これは当座比率についても同じようなことが言えます。当座資産の中には短期貸付金を含みますが，この中に実際には返済の見込みが立たないようなものが含まれていたらどうでしょう。当面の支払能力の判断を歪めてしまうはずです。

　貸付金の良否について外部の人間が判断するのは簡単ではありません。が，**中小企業のバランスシートなどで貸付金をすべて流動資産に含めているような場合や，子会社や関係会社向けの貸付金を分けて表示していないようなケースは注意が必要**です。

　参考までに，当座比率についても全国の上場企業の平均値をまとめておきましたので，業種の違いによる数値の開きを確認してください。

当座比率

単位：％

	全業種	食品	繊維	鉄鋼	電気	自動車	建設	電力	商業	サービス
①	78.20	76.45	81.28	46.95	84.55	76.53	60.93	14.20	86.91	121.71
②	79.44	78.52	87.99	46.39	89.92	75.61	62.17	15.41	94.34	122.56

① 02年4月～03年3月期
② 03年4月～04年3月期

出典： 「日経経営指標（全国上場会社版）2005」 2004年9月発行（日本経済新聞社）

● 財務構造が安定しているか

　財務構造の安定度の検証作業も，資金の調達状況と運用状況のバランスがとれているかどうかのチェックであり，**貸借対照表の右側と左側を見比べながらの作業**となります。そうした意味では，先に取り上げた支払能力の検証作業と似ているのですが，**支払能力の検証作業では貸借対照表の上半分が話題の中心だったのに対し，ここではおもに貸借対照表の下半分**が中心になります。

　ご存知のとおり，貸借対照表の左側の下半分は固定資産がその中心であり，右側の下半分は固定負債と自己資本がその中心です。固定資産はその現金化に長い年月を要する資産群であり，固定負債は返済期限の長い負債群です。株主資本（自己資本）は原則的には返済を想定しておらず，固定負債以上に安定的な調達資金です。これらが検証作業の中心になることからも明らかなとおり，ここで取り上げる内容は**長期的な視野に立った「財務構造の安定度」の検証**です。

　この作業は貸借対照表の構造を総合的な視点で検証する作業でもあるため，これまで取り上げた「資本構成の適否」や「支払能力」の検証作業とも関連します。**財務構造が安定しているということは，資本構成も妥当であり，支払能力についても問題ないことが大前提**だからです。

　具体的な例を使って解説した方がわかりやすいので，ここでも先の図を再掲します。

【再掲】

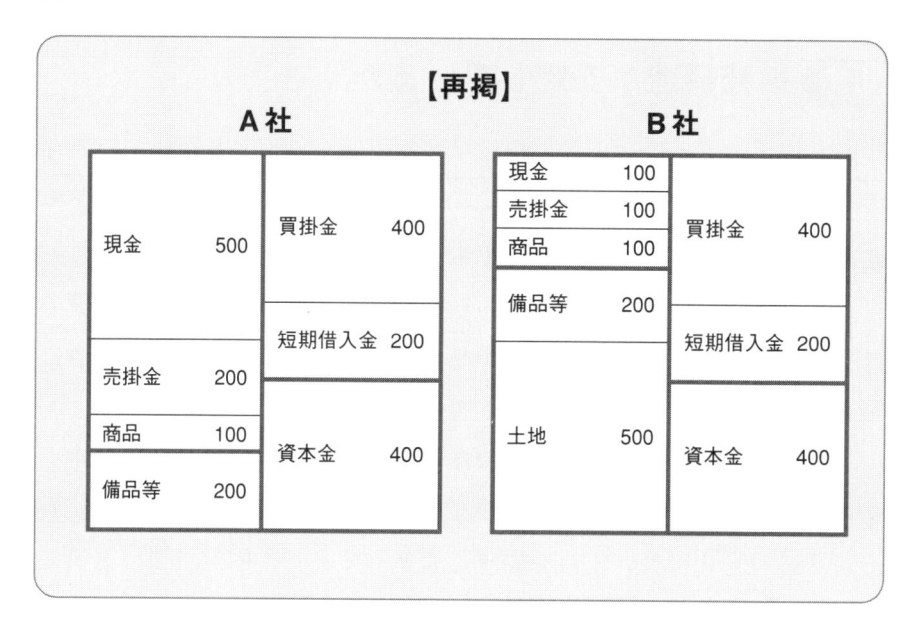

A社

現金 500	買掛金 400
	短期借入金 200
売掛金 200	
商品 100	資本金 400
備品等 200	

B社

現金 100	買掛金 400
売掛金 100	
商品 100	
備品等 200	短期借入金 200
土地 500	資本金 400

　先の「当面の支払能力の検証作業」では，おもに貸借対照表の上半分が問題となりましたが，ここでは下半分が話の中心です。

　支払能力を検証するうえで流動資産の大きさ（特に流動負債との対比において）が問題となったのは，流動資産が1年以内に現金となる予定の資産群であるためです。逆に言えば，**流動資産以外の資産グループ（固定資産等）はすぐに現金化できないものがほとんどです。現金化しにくい資産として保有する（運用する）以上，それに充てられる資金の調達原資は重要**です。すぐに支払期限が来るような資金をそれに充てていれば，たちどころに資金の循環に支障が生じてしまう（資金が詰まってしまう）からです。

　ここで，第2章で取り上げた資本の循環活動の話を思い起こしてください。

> * 企業の経営活動とは，つまるところ「投下した元手（資本）をいかに効率よく回収するか」ということであり，「回収した元手（資本）を再投資してさらに大きな元手（資本）にするという循環活動である」といえる。
> * 貸借対照表の右側の元手が左側で運用され，再び右側に元手として戻ってくるサイクルが繰り返されるイメージ。

　通常，このサイクル（資本の循環活動）は貸借対照表の上半分でもっとも活発に繰り返されます。つまり，流動負債と流動資産の間です。だからこそ，当面の支払能力を検証するさい，この両者の関係が問題となるわけです。

　一方，貸借対照表の下半分はもっと長いサイクルでの循環活動です。それゆえ，**この活動の原資となる資金（固定資産等の運用資金）は，できるだけ返済期限の長い資金，あるいは返済の必要のない資金でまかなうことが望ましいのです**。具体的には，長期借入金や社債などに代表される固定負債や株主資本（自己資本）がこれに適しています。このうち，もっとも望ましいのが返済する必要のない株主資本であることは言うまでもありません。

　したがって，「長期的な視野に立った財務構造の安定度の検証」においては，固定資産と固定負債および株主資本との対応関係が重要なのです。

A社とB社の貸借対照表の内容を，流動・固定の区分に書き改めた図を再掲しますので，再度両社の財務構造をご確認ください。

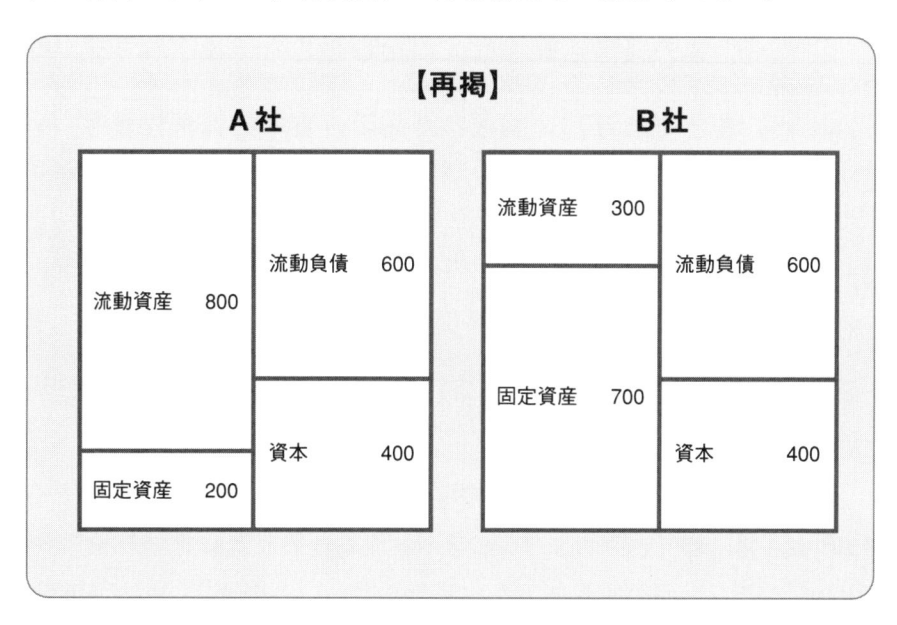

【再掲】

A社
- 流動資産　800
- 固定資産　200
- 流動負債　600
- 資本　400

B社
- 流動資産　300
- 固定資産　700
- 流動負債　600
- 資本　400

　A社の場合，固定資産に運用している200万円は自己資本だけで調達できているのに対し，B社の場合，固定資産に運用している700万円のうち株主資本で調達できているのは400万円にすぎません。ということは，土地などすぐには現金化できない資産に投入している資金の半分近くを，1年以内に返済期限の来る資金でまかなっていることになります。これでは財務構造が長期的に安定するはずがありません。

　このように**財務構造の安定度を検証するには，循環サイクルの長い資産に注ぎ込まれた資金の調達源泉を確認することが重要です**。理想的には，固定資産で運用されている部分が返済不要な株主資本でまかなわれている構造です。これがむずかしい場合でも，固定資産の運用額が株主資本プラス固定負債の合計額におさまっているのが望まし

姿です。

　ちなみに，固定資産と株主（自己）資本の対応関係を「固定比率」と呼び，固定資産と株主（自己）資本プラス固定負債の対応関係を「固定長期適合率」と呼びます。

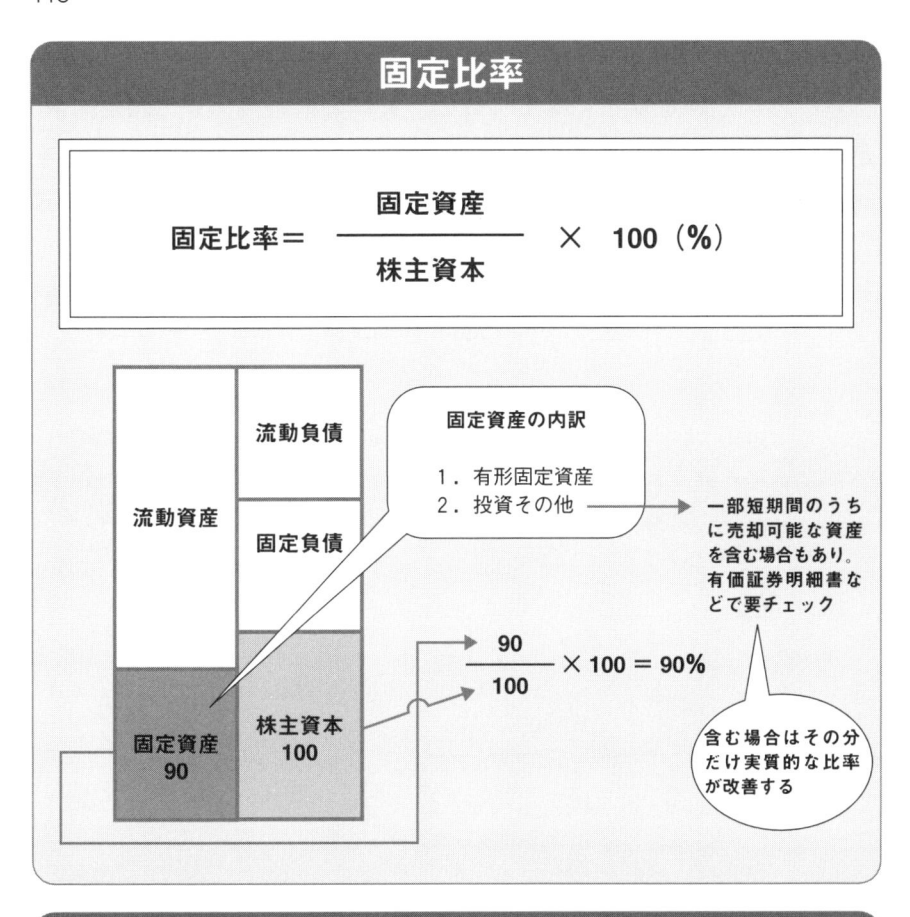

固定比率

$$固定比率 = \frac{固定資産}{株主資本} \times 100 \ (\%)$$

固定資産の内訳
1. 有形固定資産
2. 投資その他

一部短期間のうちに売却可能な資産を含む場合もあり。有価証券明細書などで要チェック

$$\frac{90}{100} \times 100 = 90\%$$

含む場合はその分だけ実質的な比率が改善する

流動資産 / 流動負債 / 固定負債 / 固定資産 90 / 株主資本 100

固定比率

単位：円

	全業種	食品	繊維	鉄鋼	電気	自動車	建設	電力	商業	サービス
①	164.47	122.71	120.23	200.55	117.58	117.11	136.18	486.77	188.46	141.05
②	156.34	119.57	115.88	183.88	110.74	116.91	122.74	446.56	176.82	130.15

① 02年4月～03年3月期
② 03年4月～04年3月期

出典：「日経経営指標（全国上場会社版）2005」 2004年9月発行（日本経済新聞社）

固定長期適合率

$$\text{固定長期適合率} = \frac{\text{固定資産}}{\text{株主資本}+\text{固定負債}} \times 100 \, (\%)$$

固定負債の内訳
1. 長期借入金
2. 社債その他

流動資産
流動負債
固定負債 60
固定資産 90
株主資本 100

$\dfrac{90}{160} \times 100 = 56\%$

固定長期適合率

単位：円

	全業種	食品	繊維	鉄鋼	電気	自動車	建設	電力	商業	サービス
①	89.76	88.30	86.66	99.09	83.02	86.45	80.72	108.93	82.93	68.38
②	88.35	86.21	84.35	98.38	81.57	87.80	80.94	106.47	78.36	67.25

① 02年4月～03年3月期
② 03年4月～04年3月期

出典：「日経経営指標（全国上場会社版）2005」 2004年9月発行（日本経済新聞社）

③ 着眼点の理解を深める

● 資本構成の適否を別の角度から見る

　本章前半の「着眼点の整理」において，株主資本（自己資本）の総資本に占める割合（「株主資本比率」あるいは「自己資本比率」）を確認することで資本構成の適否を検証しました。会社の運営に使われているすべての資本のうち，どれだけの部分が「返済の必要のないお金か」でまかなわれているか，調達資本のどれだけの部分が安定的な資本であるかを確認したわけです。

　この着眼点をもう少し掘り下げるべく，ここでは他人資本，中でも借入金や社債といった有利子負債の総資本に占める割合を確認することにより，資本構成の適否を別の角度から検証します。

　そもそも調達資本は他人資本と自己資本（株主資本）によって構成されており，自己資本比率（株主資本比率）の確認作業は，他人資本の総資本に占める比率の確認作業とも言えるわけです。

● 借入金への依存度を見る

　第2章でも見たとおり，ROEの改善という点からは必ずしも借入金への依存度が小さければよいとは限りません。事業機会や事業リスクの大きさ，あるいは資本コストの水準によっては，他人資本と自己資本の適度なバランスが求められるケースもあります。

　しかしながら，企業の安定度という点から見れば，借入金への依存度は小さい方がよいに決まっています。借入金が多ければ多いほど，資金繰り的にも損益的にも負担が大きいからです。特に日本では，メインバンク制の衰退など間接金融のあり方が見直されてきており，従来のような借り換えや借り増しが困難になるケースも増えるものと思われます。

　したがって，**他人資本のうち金利負担を伴う資本（有利子負債）への依存度を調べることにより，調達資金の安定度と金利変動がもたらす経営リスクを検証**するわけです。

　厳密に言えば，仕入債務等の企業間信用も表向き利息がないというだけで，実質的には目に見えない利息が発生している場合がほとんどです。現金で買った場合と掛けで買った場合の価格の差が，まさに利息に相当するからです。日本の場合，業者との実際のやりとりの中で公式に現金販売価格と掛け販売価格が分けて提示されるケースは少ないようですが，極端な買い手市場でない限り，**売る側は金利相当分のコストを価格に上乗せしていると考えるべき**でしょう。

　仕入債務を中心とした企業間信用による資金調達においても，支払手形の決済に支障が出れば企業はたちゆかなくなるわけであり，先に学んだ流動比率や当座比率など当面の支払能力が注意深く検証されね

ばなりません。

　しかしながら，借入金や社債を中心とする有利子負債の場合，通常はその残高が相対的に大きいため，借り換えや借り増しに支障が出れば資金繰りに影響が出るのは無論のこと，金融政策の変更などにより金利が（特に上方向に）変動すれば業績に多大な影響が出るわけです。そこで，総資本に占める有利子負債の割合を検証します。

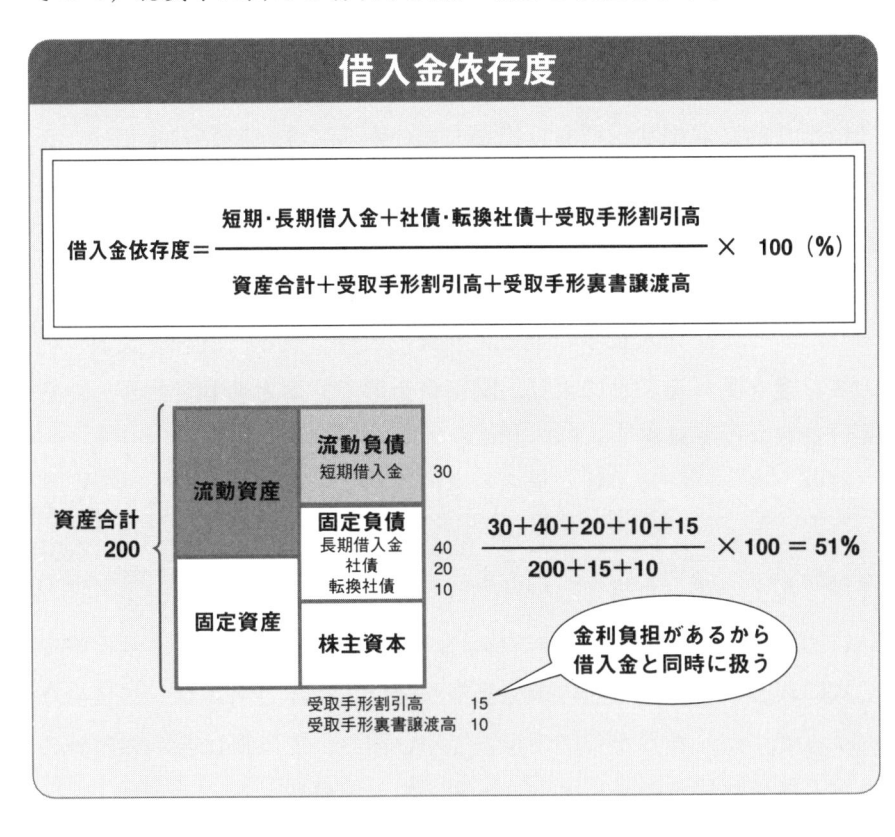

借入金依存度

$$借入金依存度 = \frac{短期・長期借入金 + 社債・転換社債 + 受取手形割引高}{資産合計 + 受取手形割引高 + 受取手形裏書譲渡高} \times 100 \,(\%)$$

資産合計 200
- 流動資産
  - 流動負債
    - 短期借入金 30
  - 固定負債
    - 長期借入金 40
    - 社債 20
    - 転換社債 10
- 固定資産
  - 株主資本

受取手形割引高 15
受取手形裏書譲渡高 10

$$\frac{30+40+20+10+15}{200+15+10} \times 100 = 51\%$$

（金利負担があるから借入金と同時に扱う）

このさい，**分母と分子の両方に受取手形割引高（通称「割引手形」）を含めることを，分母には受取手形裏書譲渡高を含めることを忘れな**いでください。割引手形は貸借対照表の中には表示されていませんが，金利負担がありますから一般の借入金と同様の扱いをします。

ちなみに，借入金依存度の平均的なレベルは下のとおりです。

借入金依存度

単位：％

	全業種	食品	繊維	鉄鋼	電気	自動車	建設	電力	商業	サービス
①	34.32	19.93	24.21	43.77	21.82	16.89	22.25	63.06	42.84	44.77
②	32.04	18.38	21.30	39.24	19.47	14.70	18.93	60.75	40.72	42.45

① 02年4月〜03年3月期
② 03年4月〜04年3月期

出典：「日経経営指標（全国上場会社版）2005」 2004年9月発行（日本経済新聞社）

● 利息の支払余力を見る

　「有利子負債」という表現を持ち出すまでもなく，借入金や社債には利息が発生します。そのため，この残高が過多になると，金融政策の変更などにより金利が上昇したさい大きく業績の足を引っ張られることになります。

　一方，利益の階層構造を思い起こせばわかるとおり，**利息の負担原資は営業利益プラス受取利息**です。本業の利益である営業利益を算出後，受取利息等の営業外収益を加算し，支払利息割引料等の営業外費用を差し引くわけです。

利益の階層構造

売上高
売上原価
　売上総利益
販売管理費
　営業利益
営業外収益
営業外費用
　経常利益
⎫ 経常損益の部
　毎期経常的に発生する収益と費用の対応による期間損益

特別利益
特別損失
⎫ 特別損益の部
　臨時的あるいは非経常的な要因による損益

税引前当期利益
　法人税等
　当期純利益
⎫ 最終損益の部
　すべてを含む総合的な期間損益

　したがって，営業利益が伸び悩む一方で支払利息や割引料が増加すると，利益が減るだけでなく経常段階での損益がマイナスになることすらあります。

　そこで，両者のバランスの検証が重要になるわけです。

　次のとおり，**営業利益と受取利息の合計額が支払利息・割引料の何倍あるかを算出して，支払利息・割引料の負担力を検証**します。

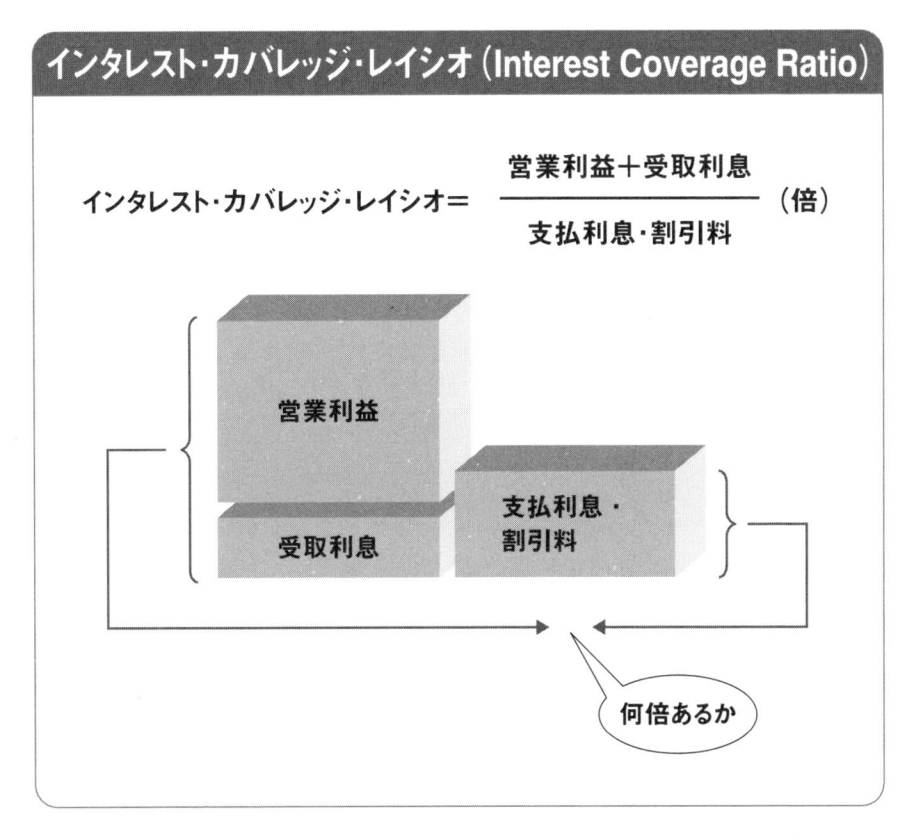

インタレスト・カバレッジ・レイシオ（Interest Coverage Ratio）

$$\text{インタレスト・カバレッジ・レイシオ} = \frac{\text{営業利益＋受取利息}}{\text{支払利息・割引料}} \text{（倍）}$$

営業利益
受取利息
支払利息・割引料

何倍あるか

　この指標を，一般には英語のInterest Coverage Ratio（インタレスト・カバレッジ・レイシオ）という表現で呼んでいます。直訳すると「支払利息割引料負担割合」といったところです。日本語にすると長ったらしい表現になるため，英語の表現がそのまま使われているのかもしれません。

　資本構成の適否や収益構造を多面的に検証するうえでは，大切な指標のひとつです。全国の上場企業の平均的な数値を次頁にまとめておきましたので，参考にしてください。

インタレスト・カバレッジ・レイシオ

単位：倍

	全業種	食品	繊維	鉄鋼	電気	自動車	建設	電力	商業	サービス
①	5.50	11.20	8.90	3.24	5.40	23.76	5.34	2.50	3.22	27.17
②	6.73	15.25	11.44	6.06	8.46	25.79	7.33	2.91	3.87	27.93

① 02年4月〜03年3月期
② 03年4月〜04年3月期

出典： 「日経経営指標（全国上場会社版）2005」 2004年9月発行（日本経済新聞社）

● 借入金の金利水準を見る

　借入金の利息の負担余力が確認できたら，次は「支払っている借入金利息の金利水準がどうなのか」，「高いのか低いのか」，「異常はないか」といったことを検証します。

　日本の場合，これまでは銀行からの借入や社債の調達において，企業間の信用力格差がもたらす利率の違いはそれほど大きくありませんでした。しかしながら，金融業界の規制緩和や経済活動のグローバル化の中で，企業の信用力格差がもたらす資本調達コストの格差は徐々に大きくなってきています。

　資本調達コストの差が，そのまま企業の競争力の差，収益力の差になって現れることは言うまでもありません。したがって，その実態を的確に把握することは，当該企業の資本構成の適否のみならず，収益性，将来性を判断するうえからも重要です。

有利子負債利子率

$$有利子負債利息率 = \frac{支払利息・割引料}{短期・長期借入金 + 社債・転換社債 + 受取手形割引高 + 従業員預り金} \times 100 (\%)$$

- 短期借入金
- 長期借入金
- 社債・転換社債
- 受取手形割引高
- 従業員預り金

支払利息・割引料

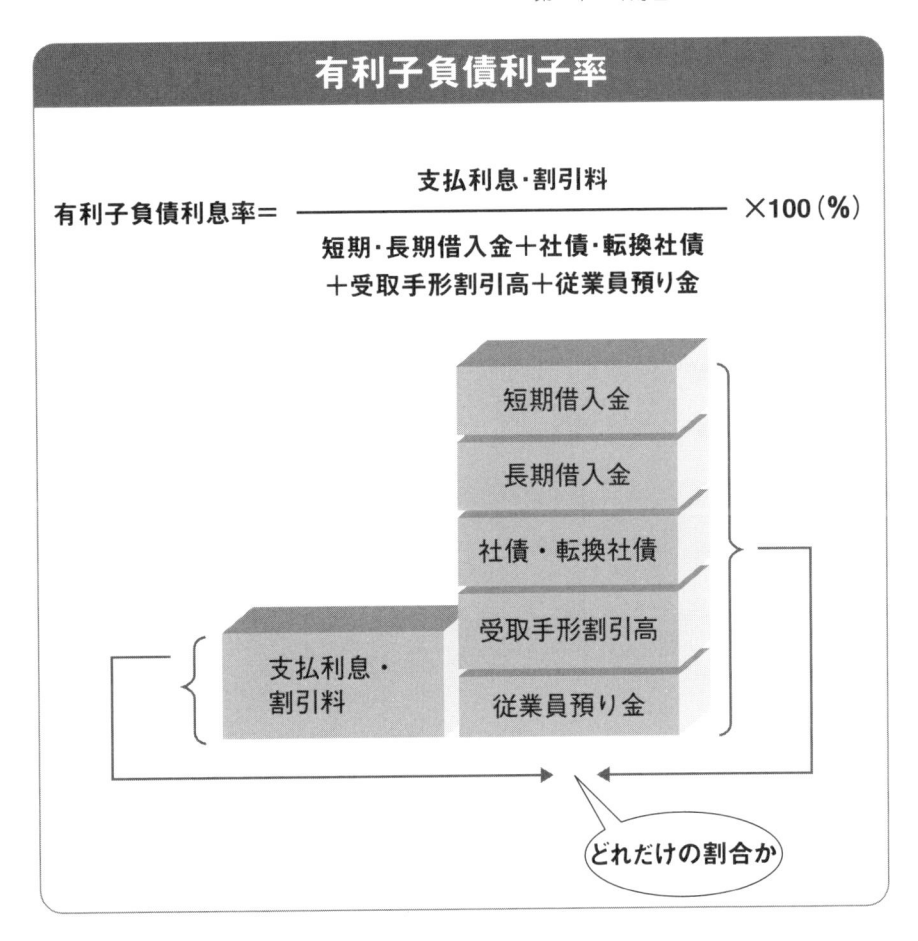

どれだけの割合か

　先述のとおり，日本の場合これまでは通常の金融機関から調達している限り，企業間で有利子負債の利子率に大きな差が出ませんでした。このことを逆の面から見れば，**有利子負債の利子率に大きな開きがある場合には，消費者金融など普通ではない調達の仕方をしている可能性もあるということであり，注意が必要**です。期中に大きな残高の変化があったのか，調達の仕方そのものに無理があるのか，といった点を見極めなくてはなりません。

第5章

「財産の中身」を見る

■ 表面と実態の見きわめ ■

おもに仮説をどう検証するかについての話です。この章では,「財産の中身」という視点から検証の具体的手法を解説します。

１ なぜ見るのか

● 表面と実態の乖離(かいり)をつかむ

　これまでの章では，記載されているデータが実態を正確に表示しているという前提に立って，さまざまな角度から分析を試みてきました。が，財務諸表に表示されている数字は本当に実態を正確に表わしているのでしょうか。

　この章では，財務諸表のデータの中身に疑いの眼差しを向けてみます。財務諸表の数字が実態を表していなければ，どんな分析結果も絵に描いた餅になってしまうからです。

　といっても，すべての数字を端から確認していくわけではありません。データの現実性に疑いの眼差しを向けるといっても，財務諸表の大枠は正しいという前提でなければ会計制度が成り立ちません。会計制度の特性による限界や経済社会の変化に伴って，実態を反映しにくくなっているいくつかの項目を検証するだけのことです。

◯ おのずと限界はある

そもそも**財務諸表**は，その生成過程の性格により**恣意性の問題**と無縁ではありません。財務諸表を作成するための基となる会計基準や法人税法が，その**処理方法にいくつかの選択肢を認めている**という事実もさることながら，元来市場経済の中でモノの価値を評価するのはそれほど簡単なことではないからです。特に，日々市場価格が変動する資産を客観的に評価するのは容易でありません。

有価証券について考えてみましょう。

有価証券のうち子会社への投資は純資産額の大幅な（50％）低下といった事態が発生しないかぎりは取得時の簿価で表示され続けています。子会社が公開会社で相場がつく場合は時価の把握は容易ですが，非公開会社の場合は時価の算定方法から選ばねばなりません。算定方法によって価値が異なることが普通です。いずれにしても，これらの「時価」は財務諸表には反映されません。このように財務諸表を作る側にその意図がなくても，結果的に事実が歪められているケースは少なくありません。

したがって，財務諸表のデータで企業の実態を推定する場合には，このような**会計上の限界を頭に入れておく必要がある**のです。表面に見えるものをそのまま受け入れられない場合があることを，あらかじめ承知しておくということです。

② 着眼点をおさえる

● 問題の隠れ家は決まっている

「表面上の数字と実態との乖離をつかむ」などというと，なにかとても困難な作業のように思えますが，実はそれほど難しい作業ではありません。たいていの場合，**中身の検証が必要な勘定科目は限られている**からです。

先に取り上げた「土地」勘定のほかにも，「貸付金」「仮払金」「有価証券」「商品」など，**その多くは資産勘定**です。調達の状況を示す貸借対照表の右側は，表示されている勘定科目の中身がどうのこうのと言うよりも，むしろすべての負債が表示されているかどうかが問題であり，検証作業の性格がやや異なります。某証券会社のように簿外の債務を抱えながら自主廃業に追い込まれたケースを持ち出すまでもなく，「すべての負債がバランスシート上に表示されているかどうか」の確認は容易ではありません。保証債務の状況が注記されているケースはともかく，通常意図的に隠された簿外債務の存在は単にバランスシートを眺めているだけでは発見できないからです。

こうした簿外債務を別にすれば，資本の調達状況はごまかしようがありません。正確に言えば，長期の債務を評価するさい時間の経過による価値の変化をどう反映させるべきかといった問題はあるのですが，現行の日本の会計制度の下では貸借対照表の右側の勘定科目は本章で取り上げる内容には縁が薄いと言えるでしょう。

ところが，**資本の運用状況を示す左側には要注意の勘定科目が散在**しています。

● こんな勘定科目が危ない

「土地」勘定を例にした先の説明で，表面上の数字ほど実際には資産価値がないケースがあることをご理解いただけたと思います。例えば，10億円で取得した土地の時価が2億円に下落しているようなケースです。図に表わすと次のような具合です。

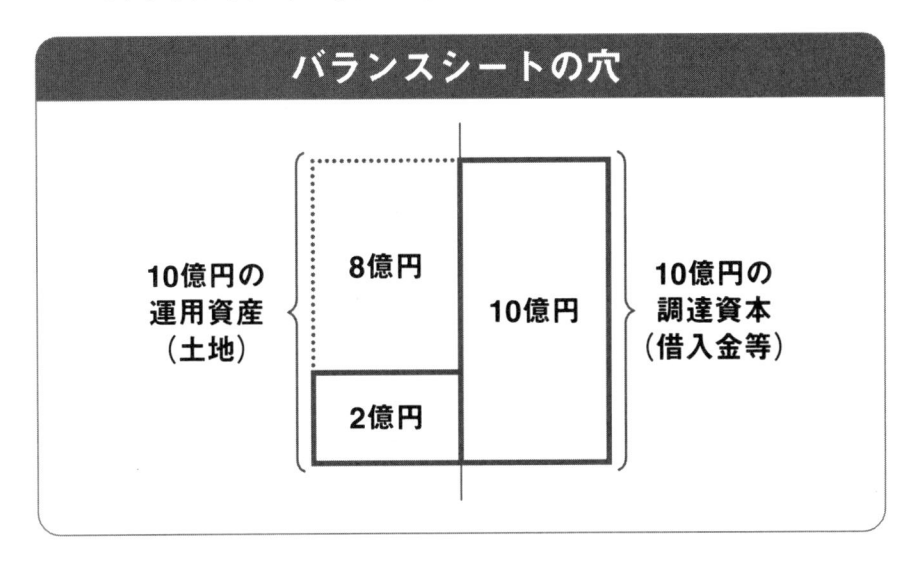

バランスシートの穴

- 10億円の運用資産（土地）: 8億円 + 2億円
- 10億円の調達資本（借入金等）: 10億円

つまり，自己資金であれ借入金であれ，調達した10億円の資本を「土地」という資産として運用した結果，利回りはおろか元本割れの状態にあるということです。

このような状況は，長期的な経営戦略に基づいて本社社屋や工場用地を取得した結果生じたケースもあるでしょうが，10億円の資本を本業につぎ込むよりも高い収益が短期的に得られるといった安易な経営判断に基づくケースも少なくないようです。本業では利払い前の営業利益段階で10％の利益率しか確保できないが，不動産に投資すれば1

年間で1.5倍になる（50％の利回りに相当）などといった安易な発想で実行したようなケースです。結果として，本業から得られる利回りも確保できないばかりか，元本割れとなる結果に陥ったわけです。

ちなみに，このような状況を説明するさい，「バランスシートになん億円の穴があいている」といった言い方をします。

一方，これとまったく逆の状況もありえます。社歴の古い企業によくあるケースですが，保有している土地が含み益を抱えている場合です。日本には社歴が100年を超えるような企業も珍しくありません。ご想像がつくと思いますが，こうした企業が土地を100年前に取得しているような場合，その取得価格は現在の貨幣価値に照らすまでもなく桁違いです。このようなケースでは，**「土地」勘定が多額の含み益を抱えており，バランスシートの見た目以上に自己資本勘定が充実している**ことになります。社歴の古い企業の中には，本社社屋や工場用地などの他にも社宅や保養所といった形で多くの土地を保有しており，バブルが弾けて土地の価格が下落しても多額の含み益が存在しているケースが少なくありません。

「貸付金」も注意が必要な勘定科目です。

業績不振の関係会社への運転資金の補てん融資を中心に，実際には焦げ付いていて返済の見込みのない場合が少なくないからです。「土地」の場合と同じように，実際の資産価値が表面上の数字を大きく下回っているケースです。特に，短期貸付金として流動資産に分類されているにもかかわらず，**数期間にわたって金額に変化がなかったり，徐々に増えているような場合は要注意**です。流動資産に分類される短期貸付金は原則として1年以内に返済されるはずだからです。

同じような理由で,「仮払金」も注意が必要な勘定科目です。**業績不振の関係会社に対し,取りあえず「仮払金」という形で資金補てんが行われ,その後「貸付金」に振り替えられるようなケースもある**からです。

　「仮払金」は一方で,使途不明金など通常の処理がためらわれる支出の隠れ蓑になるケースもあり,金額が大きい場合には注意が必要です。

　「有価証券」もクセモノです。

　会計制度の大幅な変更によって有価証券については時価評価が原則となり,含み損の問題はなくなりました。しかし,資産として帳簿に記載する価格は変わるものの,保有目的の違いによって当期損益に影響するかどうかが変わります。また,子会社への投資など会社の支配を目的として長期的に保有するものについては時価評価はありません。当該子会社の財務諸表など他の情報と照らし合わせて注意深く検証する必要があります。

　「商品」も注意が必要な勘定科目です。

　当該企業の本業のネタとなる主要運用資産ですが,業績不振の会社**などで販売の目処が立たない不良在庫を良品のように評価している場合**があり,中身のチェックが必要な勘定科目です。

　中身の検証の重要性については第3章で指摘しましたが,ここで改めて「商品」勘定の残高,すなわち「期末在庫の評価」が損益に及ぼす影響を再確認します。次頁に示したのが売上原価の基本構造です。

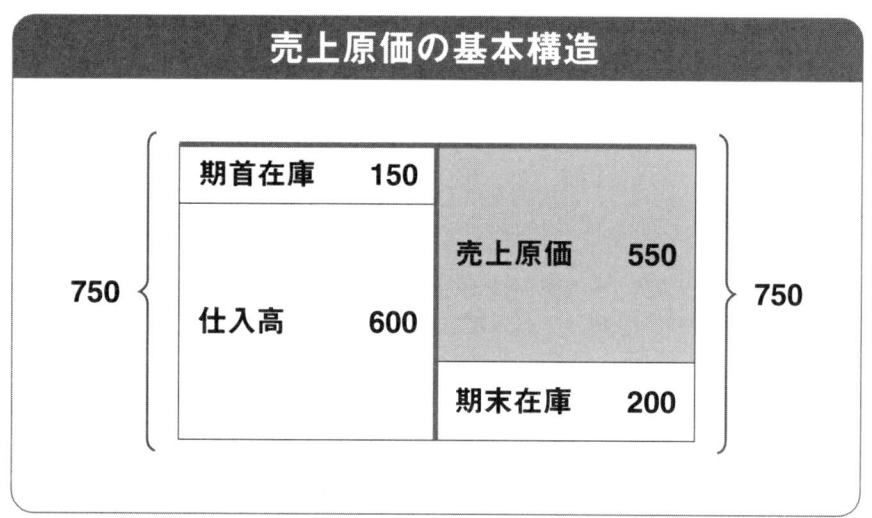

売上原価の基本構造

期首在庫 150	売上原価	550
仕入高 600	期末在庫	200

左側合計 750 ＝ 右側合計 750

　期首在庫，仕入高，期末在庫，売上原価のそれぞれには，簡単なサンプル数値が入っています。では，仮に期末在庫に含まれている不良品を良品として評価し期末在庫を50だけ多く表示したとしたら，売上原価はどう変化するか見てみましょう。

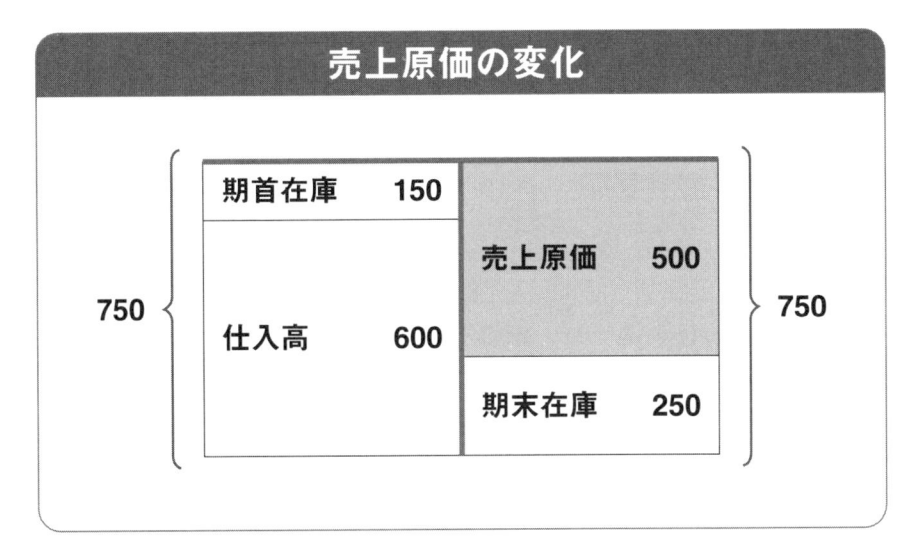

売上原価の変化

```
       ┌ 期首在庫   150  ┐
       │              │  売上原価   500
750   ┤              ├                    750
       │ 仕入高    600  │
       └              ┘  期末在庫   250
```

　期末在庫が50多くなった分，売上原価は50少なく表示されています。すなわち，その分だけ売上総利益（粗利益）は多く表示されることになるため，結果的に損益は50改善することになります。
　この対比を示したのが下の表です。

損益へ及ぼす影響

売上高	1,000		売上高	1,000
期首在庫	150		期首在庫	150
仕入高	600		仕入高	600
期末在庫	200	⇒	期末在庫	250
売上原価	550		売上原価	500
売上総利益	450		売上総利益	500

逆に在庫を誤って読み落としてしまったり意図的に厳しく評価した場合には，売上原価が増えるため損益はその分だけ悪く表示されることになります。

損益へ及ぼす影響

売上高	1,000		売上高	1,000
期首在庫	150		期首在庫	150
仕入高	600		仕入高	600
期末在庫	200	⇒	期末在庫	150
売上原価	550		売上原価	600
売上総利益	450		売上総利益	400

　最後に「売掛金」勘定にふれておきます。ここにも不良債権が混入していることがしばしばあるからです。

　不良性のある「売掛金」の貸し倒れに対しては，本来「貸倒引当金」という引当金をたててこれに備えるのがあるべき姿です。ところが，貸倒引当金を引き当てると費用が増えるため，業績の悪い企業などはこれに対する備えが不十分なケースも多々あります。そればかりか，既に実質的に債権が焦げ付いているような場合にも，あたかも良質債権のごとく資産計上し続けているようなことも少なくありません。

　ところで，**貸倒引当金に限らず「引当金」という費用科目は，減価償却費などと同様に資金の社外流失が発生しません**。利益の出ている企業にとっては，法人税法上認められた範囲で引き当てている限り，合法的な節税効果があるだけでなく，キャッシュ・フロー面でプラスに働きます。

　したがって，法人税法上認められた範囲いっぱいに貸倒引当金を引

き当てているかどうかを確認するのも，当該企業の健全性を検証するひとつの方法です。

　以上の説明で「財産の中身」を検証するさいの着眼点，注意すべき勘定科目の代表的なものについては，だいたいおわかりいただけたことと思います。しかしながら，ここで取り上げた着眼点にはいずれも，「財務諸表の数値だけを見ていても検証しにくい」という難点があります。
　では，どうすれば検証作業の実効があがるのでしょうか。
　この点を本章の後半で取り上げます。

❸ どう検証するのか

● 中身を確認できれば話は早いが

着眼点がわかった以上、状況が許すのであれば、その中身がどうなのか当事者から直接聞くのがもっとも確実な検証方法です。

「貸付金」の中に返済の見込みのないものが含まれているのかいないのか、含まれているのであればいくらぐらい含まれているのか、「商品」残高には不良性の在庫が含まれているのかいないのか、含まれているのであればいくらぐらい含まれているのか、といったことを担当者に聞いてしまえば話は簡単です。

親会社の管理部門で子会社や関連会社を管理する立場にいる人なら、当該会社の役員さんにでも確認すれば済んでしまうでしょう。あるいは、企業買収する側が、買収される側の了解を得て買収企業の中身を調べているような場合も同様でしょう。

一方、「それができないからこそ、こうして本を読んでいるんだ」という方も少なくないはずです。

ここでは基本財務諸表しか手元になく、当事者に中身の確認ができないような場合、先に取り上げたような着眼点をどう検証するのかについて考えて見ましょう。

● 実態との乖離を完全に検証できる方法はない

　いきなり話の腰を折るようですが，貸借対照表に表示されている残高と実態との乖離を外部から完全に検証可能な絶対的手法はありません。あくまでも実態との乖離の存在を部分的に類推できる手法があるだけです。

　先に指摘したとおり，**財務諸表はその生成過程の性格により恣意性の問題と無縁ではありません**。財務諸表を作成するための基となる会計基準や法人税法が，その**処理方法にいくつかの選択肢を認めている**という事実もさることながら，元来市場経済の中でモノの価値を評価するのはそれほど簡単なことではないからです。特に，日々市場価格が変動する資産を客観的に評価するのは容易でありません。

　しかしながら，貸借対照表のすべての数字を端から確認しなくてはならないわけではありません。データの真実性に疑いの眼差しを向けるといっても，たいていの場合，問題の隠れ家となる場所はおのずと決まっています。会計制度の特性による限界や経済社会の変化に伴って，実態を反映しにくくなっているいくつかの項目を検証するだけのことです。

　検証すべき勘定科目がおもに貸借対照表の左側，つまり資産の部に散在している点も本章の前半で指摘しました。貸借対照表の右側は，表示されている勘定科目の中身がどうのこうのと言うよりも，むしろすべての負債が表示されているかどうかが問題であり，検証作業の性格がやや異なるからです。

● 社会の大きな流れを理解する

　着眼点の検証作業において，個別具体的な検証テクニック以上に大切なのが企業を取り巻く外部環境の適切な理解です。とりわけ企業がおかれている経済社会の大きな流れを的確に理解することが大切です。会計制度のもつ恣意性の問題はともかく，表面の数字と実態の乖離をつかむうえでは，外部環境の正しい理解が不可欠だからです。

　本章の前半で取り上げた土地や有価証券の含み損の問題は，経済社会の動きがきちんと把握できている人であれば，経営分析の細かいテクニックなど知らなくても問題の所在が類推できるはずです。企業が抱えるさまざまな含み損の問題は新聞やテレビのニュースなどで頻繁に取り上げられていますし，雑誌などでも特集が組まれていたりするからです。また，一時期話題になった証券会社の「飛ばし」にしても，80年代後半のように株式相場が上昇し続けていれば起こりにくい問題であることは誰でも想像がつきますし，逆に相場が長期間低迷を続けていれば含み損を抱えて困っている企業がどこかにいることも容易に想像がつくわけです。

　ところが，いくら高度な経営分析の理論を学んでいても，経済や社会の大きな動きが頭に入っていなければこうした想像が働きません。結果として，適切な仮説がたてられないため，検証結果も的を外れたものになりかねません。**仮説の立て方が間違っていると検証作業に無駄が多くなるばかりでなく，結果として的確な分析結果が得られないリスクも大きくなる**のです。

　こうしたことを避けるためにも，日頃から新聞や雑誌で取り上げられている経済や社会の動きに興味をもって，世の中の大きな流れを見

失わないように努めたいものです。

● 関係する勘定科目間の相関関係に注目する

　表面上の数字と実態に乖離が生じていないかどうかの確認は当事者に聞くのがもっとも確実なのですが，それができない以上，与えられている資料の中からその兆しを推定するしかありません。

　といっても，「怪しいな」と思った勘定科目をじっと見ていただけでは実態は見えてきません。

　そこで**注目するのが，関係する勘定科目の残高との相関関係**です。勘定科目の性格によっては，ある科目の残高が増えると同じような比率で残高が増える勘定科目が存在します。例えば，売上高と売掛金です。売掛金の回収速度が極端に変わらない限り，売上高が増えればその増え方に応じて売掛金も増えるはずです。売上高と商品残高も同様です。商品回転率が極端に変わらない限り，売上高が増えればその増え方に応じて商品残高も増えるのが普通です。

　逆に言えば，**これらの相関関係が極端に崩れていたらなにか異常が発生している可能性がある**ということになります。

　こうした関係する勘定科目間の相関関係の変化に注目することにより，取り上げた勘定科目の残高が適当な水準かどうかを検証するのです。

● 回転率をチェックする

　中身を検証すべき勘定科目が主に貸借対照表の左側，つまり資産の部に散在している点は先に指摘したとおりです。これらの勘定科目は，言ってみれば調達された資本の運用先リストです。一部の勘定科目を除き，これらの運用資産は遅かれ早かれ「売上高」という形に姿を変えて資金を循環させ，結果的に「利益」という形で資本を増殖させます。企業の経営活動とは，究極的にはこの循環運動の積み重ね（資本の回転の繰り返し）です。

　したがって，検証の対象となる資産勘定の残高が適当かどうかを判断するうえでも，売上高との相関関係のチェックが有効です。すなわち，当該資産の残高と売上高とを対比させることにより，当該資産の回転の速度（1年間に何回転しているか）が確認できるからです。

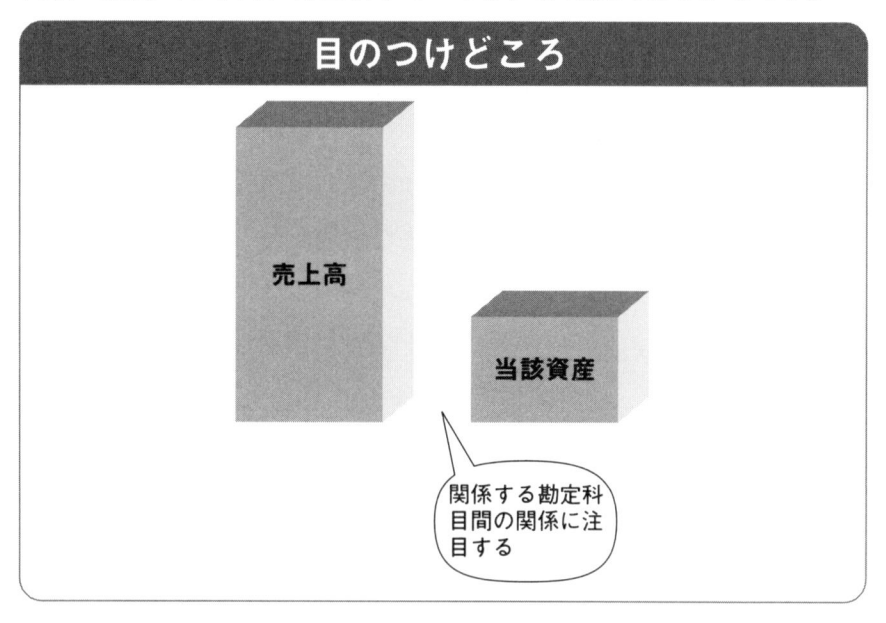

目のつけどころ

売上高　　当該資産

関係する勘定科目間の関係に注目する

この結果，極端に回転の速度が遅い資産の存在が明らかになった場合には，当該資産になんらかの異常が発生している可能性があり，さらに深く検証しなくてはなりません。

　資本回転率は当該企業の安全性や収益性を見るうえでも大切な指標ですが，このように各勘定科目の残高の中身をチェックするうえでもたいへん役に立ちます。

● 基本動作の実践

ところで，資本回転率をチェックするさいに心がけたいのが「**大きく見て小さく見る**」という**基本動作の実践**です。つまり，いきなり検証の対象とする勘定科目の回転率を見るのでなく，まず全体像をつかんでから徐々に対象を小さくしていくことです。

例えば，期末商品高の残高が適当かどうかを見るのに，いきなり商品回転率をチェックするのでなく，まず使用総資本回転率を，次に流動資産回転率を，そして棚卸資産回転率を，その上で商品回転率を，といった具合に**徐々に検証の対象を小さくしていきながら，異常の存在を確認していくこと**が判断を誤らないコツです。

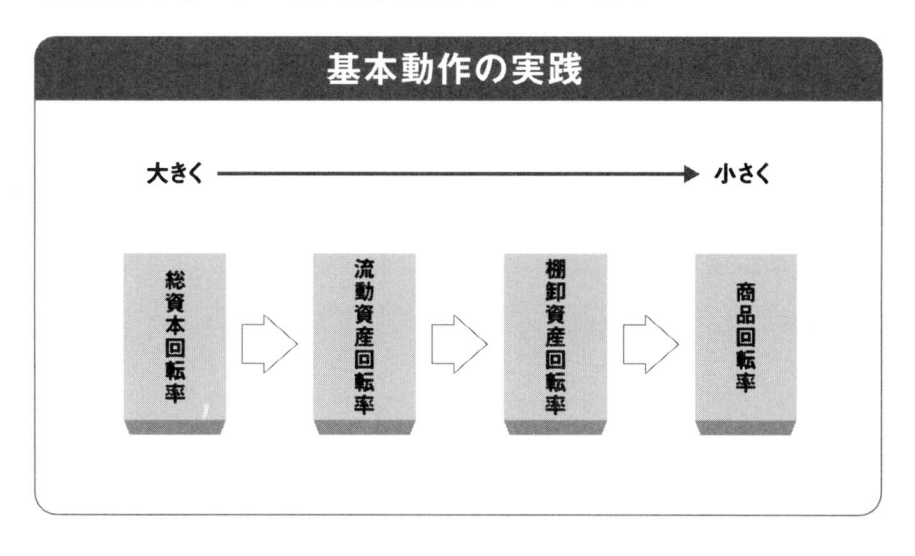

基本動作の実践

大きく ────────────────→ 小さく

総資本回転率 ⇒ 流動資産回転率 ⇒ 棚卸資産回転率 ⇒ 商品回転率

使用総資本は，言うまでもなく投入しているすべての資本であり，これを運用サイドから見れば資産のすべてということになります。

　流動資産は，棚卸資産のほかにも売掛金や受取手形など，商品が販売されて現金に換わっていく過程で発生するさまざまな勘定科目を含んでいます。

　棚卸資産の中心は商品や製品ですが，その他にもこれから加工する原材料や加工途上の仕掛品，包装材料などの貯蔵品まで幅広い勘定科目を含んでいます。

　資産全体の回転率や，これら商品や製品の周辺アイテムまで含んだ固まりの回転率をチェックしたうえで，商品・製品回転率を見ることで，「回転率の良否の原因がどこにあるのか」がつかみやすくなるはずです。

　売掛金や設備投資関連資産の残高の確認でも同じことが言えます。次の図に示すとおり，ここでも「大きく見て小さく見る」です。

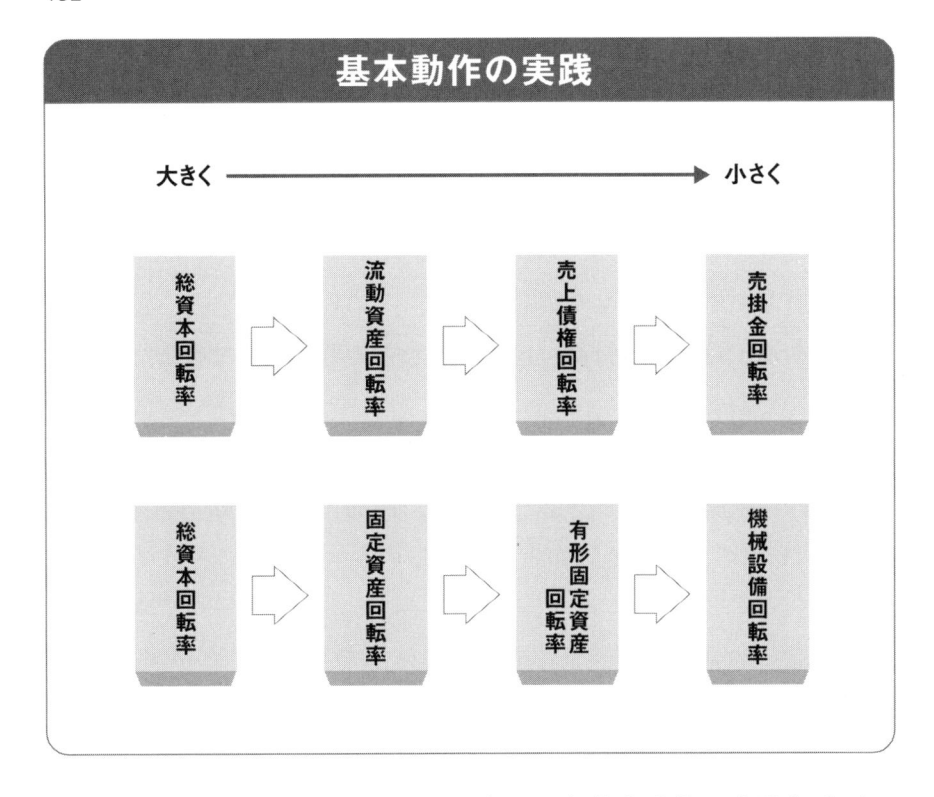

基本動作の実践

大きく ──────────────→ 小さく

総資本回転率 ⇒ 流動資産回転率 ⇒ 売上債権回転率 ⇒ 売掛金回転率

総資本回転率 ⇒ 固定資産回転率 ⇒ 有形固定資産回転率 ⇒ 機械設備回転率

　また，「ヨコから見てタテに見る」という基本動作の実践も重要です。

　回転率は，当該企業が属している業種によってその平均的な値に開きがあります。例えば，多額の設備投資が必要な製造業と，ほとんど設備投資の必要がないサービス業や少額の設備投資で運営可能な商業とでは，有形固定資産回転率の平均が異なってあたり前です。売上債権回転率や棚卸資産回転率についてもまったく同じことが言えます。

　したがって，当該企業の属する業界の平均値，あるいは同業他社との比較なくしては残高の適否の判断は困難です。

使用総資本回転率

単位：回

	全業種	食品	繊維	鉄鋼	電気	自動車	建設	電力	商業	サービス
①	0.77	1.10	0.63	0.60	0.85	1.12	0.90	0.35	2.02	0.36
②	0.78	1.09	0.62	0.64	0.86	1.12	0.92	0.35	2.00	0.37

流動資産回転率

単位：回

	全業種	食品	繊維	鉄鋼	電気	自動車	建設	電力	商業	サービス
①	0.54	0.33	0.62	0.55	0.53	0.36	0.72	0.26	0.29	1.81
②	0.53	0.33	0.61	0.52	0.53	0.36	0.70	0.27	0.29	1.74

固定資産回転率

単位：回

	全業種	食品	繊維	鉄鋼	電気	自動車	建設	電力	商業	サービス
①	1.32	1.73	1.02	0.90	1.56	1.86	2.55	0.39	4.88	1.05
②	1.33	1.72	1.01	0.96	1.56	1.88	2.54	0.39	4.77	1.07

① 02年4月～03年3月期
② 03年4月～04年3月期

出典： 「日経経営指標（全国上場会社版）2005」 2004年9月発行（日本経済新聞社）

さらに、「長く見て短く見る」という基本動作の実践も忘れてはなりません。

この基本動作もほとんどすべての分析作業で求められることですが、残高の適否を判断するうえでは特に重要です。企業規模の成長と併せた過去からの趨勢分析のみならず、業績の良い時期と低迷期それぞれの平均値などとの比較も重要です。

ここで、第1章で学んだ基本動作の大切さを改めて確認してください。

1. 大きく見て小さく見る
2. ヨコから見てタテに見る
3. 長く見て短く見る

● リースのオフバランス効果

　有形固定資産の回転率をチェックするさい留意する点をひとつ指摘しておきます。当該企業の方針により多額の有形固定資産が自己所有でなくリースで手当されているケースです。

　現在の日本の会計制度のもとでは，リース資産のうち自社で使い切る資産を割賦で購入したのと同じと認められるものについては貸借対照表に計上することを原則としています。それらのうち「所有権移転外リース」にあたるものは資産計上せずに注記で表示することも認められており，かなりの部分がこの処理によって費用処理されているのが実情です。したがって，有形固定資産の多くをリースで手当している企業のバランスシート（貸借対照表）の総資産残高は，実態よりも小さく表示されることになります。つまり，その経済的効果がバランスシートの外（ＯＦＦ／オフ）に蹴り出されるという意味で，オフバランス効果と呼ばれます。

リースのオフバランス効果

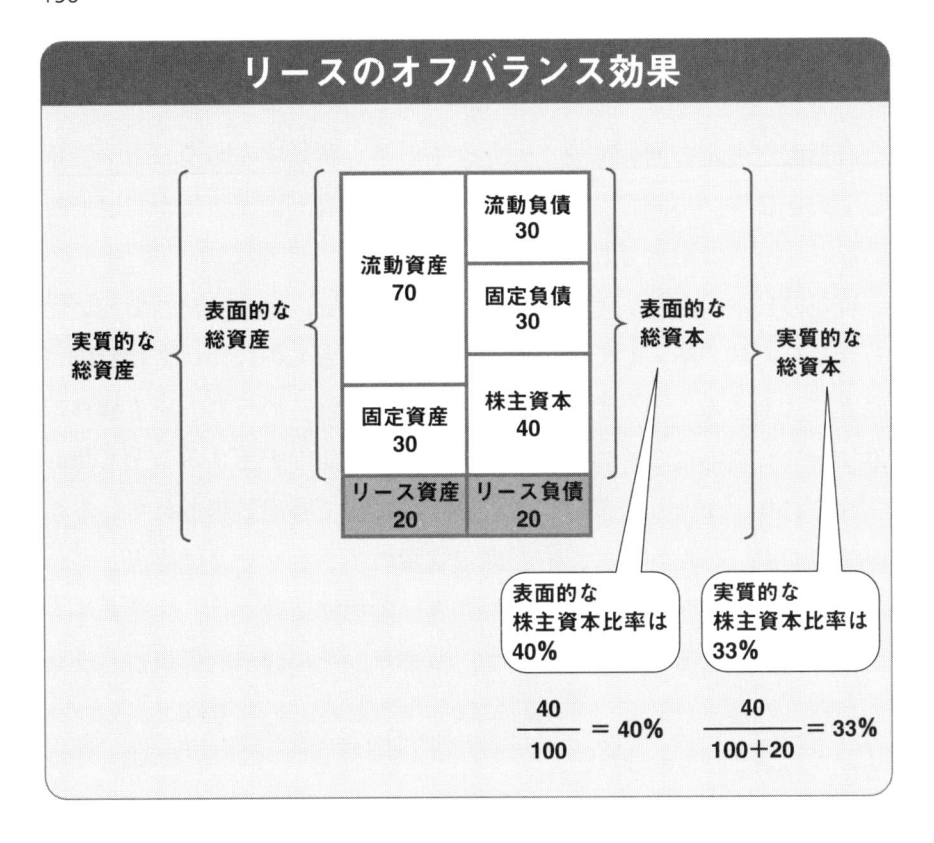

	流動資産 70	流動負債 30	
表面的な総資産		固定負債 30	表面的な総資本
	固定資産 30	株主資本 40	
	リース資産 20	リース負債 20	

実質的な総資産 ／ 実質的な総資本

表面的な株主資本比率は 40%

実質的な株主資本比率は 33%

$$\frac{40}{100} = 40\%　\frac{40}{100+20} = 33\%$$

　リース資産を多く利用している企業の場合，有形固定資産残高が実態より小さく表示されるため，当然のことながら有形固定資産回転率は良くなるわけです。注記がある場合はオフバランスの分を考慮して比率を計算できますが，ひと手間余計にかかることになります。

● 関係会社との取引には特に注意する

　関係会社との取引に注意する理由は簡単です。関係会社との間では変則的な取引が行われやすいからです。資本関係のまったくない他人の会社に対して自分に都合のよい取引を強いることは困難ですが，資本関係のある身内の会社に対しては時々の事情で親会社に都合のよい取引を強いるようなことが珍しくありません。結果として，関係会社間の取引にからむ勘定科目は不良資産の温床になりやすいのです。

　連結決算をしている場合，連結の対象となる子会社との取引は，基本的にすべて債権債務を相殺してしまいますので関係ありませんが，単独決算の場合や連結対象とならない関係会社との取引は注意が必要です。

　決算対策のために見せかけの売上高が関係会社に対して計上されているようなケースのみならず，業績の低迷している関係会社に対して実行された多額の融資が実質的に焦げ付いているようなケースが多々あります。

　数期間の決算書を紐解いていくと，もともと短期貸付金として計上されていたものがある時から長期貸付金に変わり，さらには投資有価証券や子会社株式などに変化しているものの，実態は返済の見込みのない焦げ付き融資であったりすることも少なくありません。したがって，関係会社の取引が判別可能な場合には，関係会社にからむ勘定科目の残高の推移をまとめて比較してみることも有効です。

第6章

「金の流れ」を見る

■ 資金の流れをおさえる ■

おもに仮説をどう検証するかについての話です。この章では，「金の流れ」という視点から検証の具体的手法を解説します。

① なぜ見るのか

● 損益と資金の流れは別物

　「勘定あって銭足らず」という言葉には馴染みのある方も多いと思います。

　企業の損益計算と資金の流れは別物であり，いくら「利益が出た」といって喜んでいても，資金繰りがつかなければ倒産の憂き目に遭うことは言うまでもありません。

　特に，最近は金融機関の融資に対する姿勢が厳しくなっており，中小企業の黒字倒産や資金繰り倒産も続いています。こうした不幸を避けるうえからも，会社の「金の流れ」をしっかりおさえておくことは重要です。

● 経営指標としても重要

「キャッシュ・フロー経営」という言葉を耳にするようになってからずいぶんたちます。英語の「Cash Flow」を直訳すれば「現金の流れ」であり、「キャッシュ・フロー経営」も金の流れに関係がありそうです。ただし、この場合の「キャッシュ・フロー」は「資金繰り」というよりも、「フレッシュ・マネー」つまり「新たなお金の入り具合」（利益の増加に対し、「資金の増加」といった感じ）を意味します。ある企業が「当該会計期間にどれだけ利益を生み出したか」というのと同じような意味で、「当該会計期間にどれだけのキャッシュを生み出したか」という使われ方をします。

日本では一般に「キャッシュ・フロー＝資金繰り」というイメージが強いので、キャッシュ・フローの持つ2つの異なる意味をここで改めて確認してください。

そもそも、**現金の流れは損益計算に比べ「ごまかしがききにくい」という特徴があります**。損益計算の場合、期末の在庫の評価ひとつである程度操作が可能ですが、お金の「出と入り」は操作がききません。

こうした「お金の流れ」がもつ特徴に目をつけ、これを経営指標として活用しようというのが「キャッシュ・フロー経営」と呼ばれるものです。

投資家など外部の利害関係者にとっては、恣意性の介在する余地のより少ない指標を投資の目安にした方が安全であり、経営者の側からすれば、投資家が重視する指標に気を配りながら、その指標の改善に努めるということになるわけです。

株主の立場が強く，情報開示により厳しい米国では最近もっとも重視される経営指標のひとつです。事実，米国では早くから **Statement of Cash Flows**（**キャッシュ・フロー計算書**）が，基本財務諸表のひとつとして貸借対照表や損益計算書とともにその作成を義務付けられています。

日本でも，株式を公開している会社や社債などにより資本市場から資金を調達している企業に限って，「有価証券報告書」の中で連結キャッシュ・フロー計算書を公表しています。そうした会社でなくとも投資家や金融機関からキャッシュ・フロー計算書を求められることが普通になっており，日本でも徐々にキャッシュ・フローが重視されつつあると言えます。

● 株価予想にも使われる

「ごまかしがききにくい」というキャッシュ・フローの特性は，投資家や証券アナリストが企業の株価を判断するさいにも利用されます。

当該企業が将来生み出すキャッシュ・フローを割り引いて（時間の経過による価値の変化を織り込んで），現在の株価が高いか安いかを判断したりするのです。本書の趣旨を外れますので，この理屈にはふれません。

ちなみに，毎年積み上がるキャッシュ・フローを現在の価値に割引く計算は，単なる割り算の積み重ねにすぎません。しかしながら，これを数式で説明しようとするとなぜか顔をしかめる方が多いので，ここでは敢えてふれるのを避けました。ご興味のある方は専門書でさらに理解を深めてください。

② 基本動作をモノにする

● 鍵を握る3つの要素

「キャッシュ・フロー」を把握するには，財務諸表を加工して資金移動表や資金運用表という書式にまとめるのがオーソドックスな方法です。しかしながら，「入門書を読む前に読む本」のテーマとしてはやや難しい処理方法を伴うため，ここでは簡便法を紹介します。これを知っておくだけでも実務的にはずいぶん役立ちますし，**資金移動表や資金運用表の基礎となっている考え方を知ることもできる**からです。処理の本質さえ理解してしまえば馴染みやすい話ですので，興味の湧いた方は一般の入門書でさらに理解を深めてください。

「新たな資金（キャッシュ）を生み出す源」として，ここでは次の3つを取り上げます。

資金（キャッシュ）を生み出す源

1. 利益・損失による資金調達・運用効果

2. 非資金費用による資金調達効果

3. B/S科目の残高変化による資金調達・運用効果

● 利益／損失による資金調達・運用効果

　文字どおり損益計算上の利益（正確には「税引後の利益」）の分だけ資金が増える，逆に損失を計上した場合にはその分だけ資金が減るという効果です。税引後利益が出て株主に配当したり役員賞与を支払った場合には，この分を差し引いた額が正確な資金増加分です。生み出された資金の量を測定するうえでの基礎となる骨格部分です。

● 非資金費用による資金調達効果

　減価償却費や各種引当金など，実際には現金の払い出し（キャッシュ・アウト）を伴わない費用による資金創出効果です。損益計算上は費用の発生としてマイナスされるのですが，実際にはお金が出ていかないわけですから，その分だけ現金が浮いてくる，つまり資金が増加（損益計算結果に対して）することになります。

　例えば次に示すAとBのケースでは，どちらが期末に多く現金が残っているかを考えてみてください。

ケースA		ケースB	
売上高	100	売上高	100
売上原価	50	売上原価	50
人件費	20	人件費	20
水道光熱費	10	減価償却費	10
利益	20	利益	20

（減価償却費の項目について）現金の払い出しを伴わない

　このケースはどちらも損益計算上20の利益を計上していますが，在庫など他の条件を同一とすると，ケースBの方が手元に10だけ多く現金が残っているはずです。なぜなら，**減価償却費は損益計算上は費用としてマイナスされていますが，実際には現金の流出を伴わないから**です。各種引当金など他の非資金費用でも同様の効果があります。これが「非資金費用による資金創出効果」です。

● B／S科目の残高変化による資金調達・運用効果

売掛金や買掛金など貸借対照表上の勘定科目の残高変化による資金創出・使用効果です。

ためしに，売掛金が次のように変化したとすると，資金は創出されたことになるか使用されたことになるかを考えてみてください。

```
「売掛金」  前期     当期    差額
の変化    100  ⇒  150    50
```

売掛金が前期に比べ50増えるということは，前期に比べより多くの運用資金が必要になったということであり，手元の資金は50減少しているはずです。

先に，「貸借対照表の左側の運用欄は調達したお金をどのように使っているか（運用しているか）」を示していることを指摘しましたが，前期より50多く売掛金にお金を回している，使用している（運用している）と考えるとわかりやすいかもしれません。

いずれにしても**貸借対照表の左側に表示された勘定科目の残高が前期に比べて増えている**と，その分だけ多く運用に回していることになり，手元の資金は減っています。

逆に，貸借対照表の左側に表示された勘定科目の残高が前期に比べて減っていれば，その分だけ運用に回した資金が減っていることになり，手元の資金は増えています。

狐につままれたような感じの方もいらっしゃるかもしれませんが，慣れてしまえばなんのことはありません。もし上の説明でもピンと来ない方は，自分が商品を誰かに掛けで販売した時のことを考えてみてください。

例えば，商品を70円で仕入れて100円で掛け販売したとします。仕入れの代金は商品納入時に現金で支払ったにもかかわらず，掛けの代金は3ヶ月後に銀行振り込みで受け取るとしたらどうですか。損益計算上は30円の利益が出ていますが，売掛金の100円の分だけ手元の現金は不足しているはずです。

一方，買掛金が次のように変化したとすると，手元の現金はどう変化するかを考えてみてください。

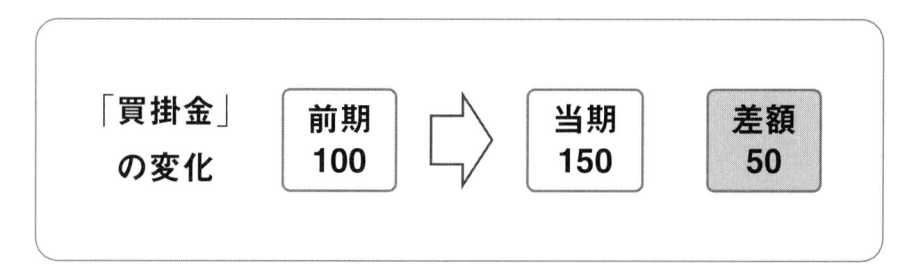

| 「買掛金」の変化 | 前期 100 | ⇒ | 当期 150 | 差額 50 |

買掛金が前期に比べ50増えるということは，前期に比べより多く資金を調達したということであり，手元の資金は50増加しているはずです。ちょうど銀行から50お金を借りたのと同じ効果があります。

貸借対照表の右側の調達欄はお金をどのように調達してきたか（確保したか）を示していることを指摘しましたが，前期より買掛金が50増えているということは，その分だけお金を調達していると考えるとわかりやすいかもしれません。

いずれにしても貸借対照表の右側に表示された勘定科目の残高が前期に比べて増えると，その分だけお金を調達したことになり，手元の資金は増えています。

　逆に，貸借対照表の右側に表示された勘定科目の残高が前期に比べて減っていれば，その分だけ調達した資金が減っていることになり，手元の資金は減っています。

　例えば，70円の商品を掛けで仕入れて，現金100円で販売したとします。仕入れの代金は3ヶ月後の振り込み払いで支払う予定である一方，販売の代金は商品の引き渡し時に現金で受け取ったとしたらどうですか。損益計算上は30円の利益ですが，手元には買掛金の70円分だけ現金が余ることになります。

キャッシュ・フロー算出の簡便法

キャッシュ・フロー＝当期純利益＋非資金費用＋（－）B/S科目の残高変化分

これまで取り上げた3つの効果をまとめて示すと，前頁の算式が成立します。
　このうち，最後に取り上げた貸借対照表の勘定科目の残高変化分による資金創出効果について，次頁以降でもう少し掘り下げます。

●「必要運転資本」とは

　資金移動表や資金運用表では，**貸借対照表のすべての勘定科目の残高変化を取り上げて，そのキャッシュ・フローに及ぼす影響を綿密に計算します**が，ここでは企業経営の根幹にかかわるお金の流れに焦点をしぼって考えてみます。

　一般的には当該企業が扱う主力商品あるいはサービスの販売行為が，その企業にとっての基幹的な活動であるはずです。

　缶詰の卸売業を例に取れば，缶詰を仕入れ，在庫として保管し，販売し代金を回収する一連のプロセスが，その会社にとっての基幹活動です。この基幹活動に要する資金の流れを考えてみましょう。

　貸借対照表の上で言えば次頁に示すとおりです。

　太線で囲まれた部分が，企業にとっての経常的な基幹活動にかかわる部分です。つまり，仕入れから売上げにいたる一連の流れに伴う勘定科目のつながりです。商品を仕入れるとともに買掛金が発生し，支払手形を振り出し支払いを行う一方，商品を在庫として保管し，販売するとともに売掛金が発生し，受取手形を受け取り代金の払い込みを受ける，という一連のプロセスです。

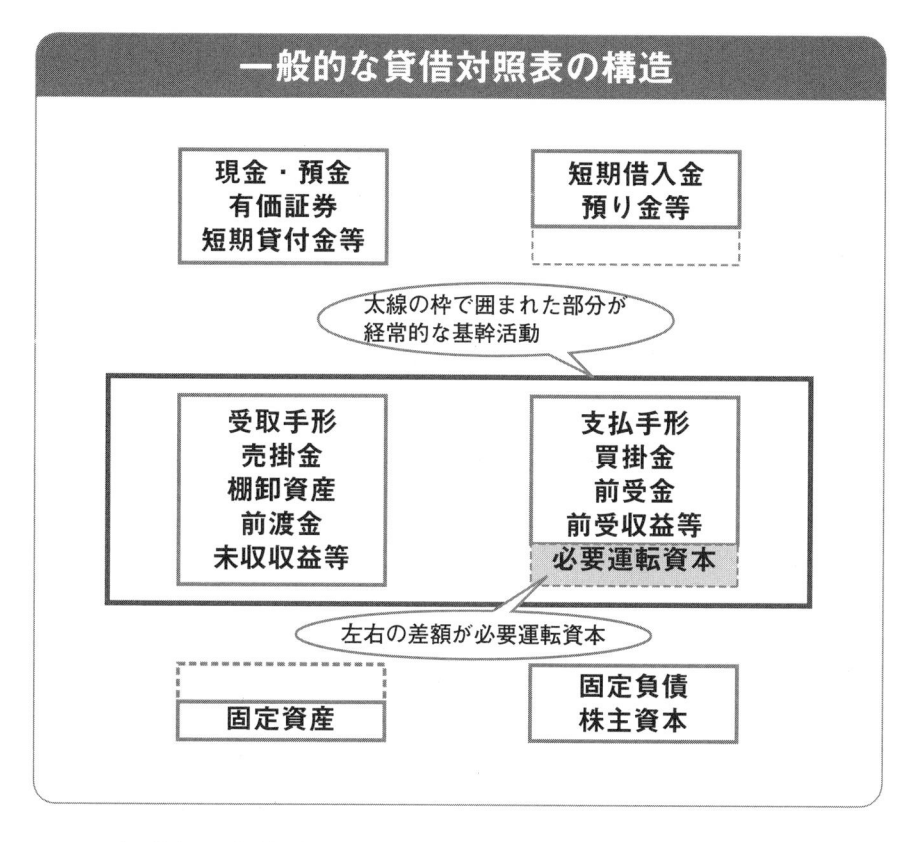

一般的な貸借対照表の構造

```
現金・預金              短期借入金
有価証券               預り金等
短期貸付金等
```

太線の枠で囲まれた部分が経常的な基幹活動

```
受取手形               支払手形
売掛金                買掛金
棚卸資産               前受金
前渡金                前受収益等
未収収益等              必要運転資本
```

左右の差額が必要運転資本

```
固定資産               固定負債
                     株主資本
```

　この経常的な基幹活動にかかわる勘定科目の資産と負債の差額を，必要運転資本と呼びます。

　運用している資産が調達してきた負債を上回っている分だけ，運転資本が必要になるというイメージです。財務構造の安定している会社の場合，この部分は株主資本や固定負債でまかなわれているのが普通ですが，財務基盤の弱い会社の場合には短期借入金など他の流動負債でまかなわれています。

　必要運転資本の調達を短期資金でまかなっていれば資金繰りが不安定になって当たり前です。逆に，これを長期資金でまかなえていれば，

資金手当に気をもまずに基幹的な経営活動に専念することができるわけです。

さて，この必要運転資本の当期の額が前期のそれを上回った場合，資金にはどういう影響が出るでしょうか。

このことを考えるにあたり，先にふれた「貸借対照表上の勘定科目の残高の変化による資金創出・使用効果」を思い起こしてください。念のため，骨子を再掲します。

> 1. 貸借対照表の左側にくる勘定科目の残高が前期に比べて増えると，その分だけ多く運用に回していることになり，手元の資金は減る。
>
> 2. 貸借対照表の左側にくる勘定科目の残高が前期に比べて減れば，その分だけ運用に回した資金が減ることになり，手元の資金は増える。
>
> 3. 貸借対照表の右側にくる勘定科目の残高が前期に比べて増えると，その分だけ資金を調達したことになり，手元の資金は増える。
>
> 4. 貸借対照表の右側にくる勘定科目の残高が前期に比べて減れば，その分だけ調達した資金が減ることになり，手元の資金は減る。

必要運転資本は資産残高と負債残高の差額ですから，これが前期のそれを上回るということは，上の1か4のケースです。つまり，貸借

対照表の左側にくる勘定科目の残高が前期に比べて増えているか，貸借対照表の右側にくる勘定科目の残高が前期に比べて減っているケースです。ということは，その分だけ多く運用に回しているか，**その分だけ調達した資金が減っているわけであり，いずれの場合でも手元の資金は減っている**はずです。

　一方，この必要運転資本の当期の額が前期のそれを下回った場合，資金にはどういう影響が出るでしょうか。
　必要運転資本が前期のそれを下回るということは，前頁の2か3のケースです。つまり，貸借対照表の左側にくる勘定科目の残高が前期に比べて減っているか，貸借対照表の右側にくる勘定科目の残高が前期に比べて増えているケースです。ということは，**その分だけ運用に回している資金が減っているか，その分だけ多くお金を調達しているわけであり，いずれの場合でも手元の資金は増えている**はずです。

　現実の世界では，1と3，2と4，あるいは4つの組み合わせとなるケースもあるでしょう。貸借対照表の左側にくる勘定科目の残高のいくつかは前期に比べて増える一方，右側にくる勘定科目の残高のいくつかも増えているようなケースや，左側にくる勘定科目の残高のいくつかが前期に比べて減っている一方，右側にくる勘定科目の残高のいくつかも減っているようなケース等です。こうした場合は当然のことながら，**それぞれの勘定科目がもつプラスやマイナスの効果を合算した差額分だけ必要運転資本が増減**します。
　したがって，先に示した「キャッシュ・フロー算出の簡便法」を書き換えると次のようになります。

> **キャッシュ・フロー算出の簡便法**
>
> キャッシュ・フロー＝当期純利益＋非資金費用－
> 　　　　　　必要運転資本の増加分

　これは，あくまでも「3つの代表的な資金創出源」を組み合わせた簡便法ですが，資金移動表や資金運用表はこの作業をもう少し厳密にやっているにすぎません。ここで取り上げた「3つの資金創出源」の理屈が正確に理解できさえすれば，資金移動表や資金運用表の構造を理解するのは簡単です。ここに書かれていることこそが，キャッシュ・フローを検証するうえでの「基本動作」だからです。

③ 実際に計算してみる

● 損益計算書と貸借対照表を眺めながら

　キャッシュ・フローの測定には損益計算書と貸借対照表の両方を使います。試算表の重層構造を改めて持ち出すまでもなく，損益計算書と貸借対照表は互いに補完し合う関係になっており，お互いの弱点を補い合う関係でもあります。キャッシュ・フロー計算は損益計算などと比べてごまかしがききにくいと言われるのも，その計算に補完関係にある両表が使われるからでもあります。

　ここでも次の損益計算書と貸借対照表をサンプルとして，実際にキャッシュ・フローを計算してみます。

要約損益計算書

	前期	当期
売上高	1,000	1,050
売上原価	600	620
売上総利益	400	430
販売管理費	322	335
人件費	180	185
地代家賃	100	100
水道光熱費	12	13
広告宣伝費	20	25
減価償却費	7	8
貸倒引当金	3	4
営業利益	78	95
営業外収益	20	21
営業外費用	10	11
経常利益	88	105
特別利益	0	0
特別損失	0	0
税引前利益	88	105
法人税等	43	52
当期純利益	45	53

要約貸借対照表

	前期	当期
現金・預金	50	55
受取手形	100	105
売掛金	90	95
棚卸資産	250	260
有価証券	50	50
短期貸付金	120	110
未収収益	20	25
流動資産計	680	700
車両運搬具	25	30
建物	250	240
投資等	20	20
固定資産計	295	290
資産計	975	990
支払手形	180	200
買掛金	50	55
前受収益	30	40
短期借入金	100	100
預り金	15	15
流動負債計	375	410
長期借入金	200	180
固定負債計	200	180
負債計	575	590
資本計	400	400
負債・資本計	975	990

第6章 「金の流れ」を見る　179

● 当期純利益の確認

　生み出される資金の量を測定するための第一歩が，当期純利益の確認です。と同時に，キャッシュ・フロー計算の基礎となる骨格部分でもあります。

　ただし，改めて計算する必要はありません。損益計算書のボトムライン（一番下の欄）から抽出するだけのことです。

　次頁の図からも明らかなとおり当期純利益は53であり，非資金費用がゼロで現金預金以外のバランスシートの残高が前期とまったく変わらなければ，キャッシュも53だけ増えているはずです。

　まれに非資金費用がゼロであるケースはありますが，バランスシートのすべての残高が前期とまったく変わらないということはありえませんので，通常はこの53にプラス・マイナスが生じます。

要約損益計算書

	前期	当期
売上高	1,000	1,050
売上原価	600	620
売上総利益	400	430
販売管理費	322	335
人件費	180	185
地代家賃	100	100
水道光熱費	12	13
広告宣伝費	20	25
減価償却費	7	8
貸倒引当金	3	4
営業利益	78	95
営業外収益	20	21
営業外費用	10	11
経常利益	88	105
特別利益	0	0
特別損失	0	0
税引前利益	88	105
法人税等	43	52
当期純利益	45	53

最初の第一歩

● 非資金費用を抽出する

　次に，ふたつ目の資金創出効果である非資金費用の抽出を行います。実際に現金の支払いを伴わない費用があるかどうかを確認し，あればその分だけ手元の現金が増えているはずです。非資金費用の有無は損益計算書で簡単に確認できます。

　次頁の図からも明らかなとおり，この例では減価償却費と貸倒引当金のふたつの非資金費用があります。その残高はそれぞれ8と4であり，非資金費用の合計は12ということになります。これらの勘定科目は，利益を増やすために犠牲になった費用として売上高からマイナスされるわけですが，実際に現金が支払われているわけではありません。つまり，キャッシュ・アウト（現金の払い出し）を伴わない費用ですから，この分だけ手元の現金を増加させる効果をもちます。

要約損益計算書

	前期	当期	
売上高	1,000	1,050	
売上原価	600	620	
売上総利益	400	430	
販売管理費	322	335	
人件費	180	185	
地代家賃	100	100	
水道光熱費	12	13	
広告宣伝費	20	25	
減価償却費	7	8	⎫ 現金の払い出しを伴わない費用
貸倒引当金	3	4	⎭
営業利益	78	95	
営業外収益	20	21	
営業外費用	10	11	
経常利益	88	105	
特別利益	0	0	
特別損失	0	0	
税引前利益	88	105	
法人税等	43	52	
当期純利益	45	53	

● 必要運転資本を算出する

　最後に必要運転資本の額を調べ，それが前期に比べて増えているか減っているかを確認します。必要運転資本が前期に比べて増えていれば，その分だけ手元の資金が減っているはずであり，逆に必要運転資本が前期に比べて減っていれば，その分だけ手元の資金が増えているはずです。

　まず最初に当期の必要運転資本の総額を算出します。次頁に再掲する表から明らかなとおり，必要運転資本を算出するには貸借対照表から必要運転資本に関係する勘定科目を抽出し，その残高を合計しなくてはなりません。

　はじめに当該企業にとっての経常的基幹活動にかかわる資産，つまり基幹的な活動のために運用されている資産の合計を算出し，これを基幹的な活動のために調達されている負債の合計と比べます。その結果として得られた差額分が当該企業の必要運転資本となるわけです。

　次頁に再掲する貸借対照表を使って関係する勘定科目を抽出し，当期の必要運転資本を計算してみてください。

要約貸借対照表

	前期	当期
現金・預金	50	55
受取手形	100	105
売掛金	90	95
棚卸資産	250	260
有価証券	50	50
短期貸付金	120	110
未収収益	20	25
流動資産計	680	700
車両運搬具	25	30
建物	250	240
投資等	20	20
固定資産計	295	290
資産計	975	990
支払手形	180	200
買掛金	50	55
前受収益	30	40
短期借入金	100	100
預り金	15	15
流動負債計	375	410
長期借入金	200	180
固定負債計	200	180
負債計	575	590
資本計	400	400
負債・資本計	975	990

残高の増減の差額分が必要運転資本

いかがですか？

順序立てて考えてみればそれほど難しくないと思います。

当該企業にとっての基幹的活動に運用されている資産の総額を算出するには，貸借対照表の左側から該当する資産の残高を抜き出して合計すれば簡単に求められます。

基幹活動での運用額 ＝ 105＋95＋260＋25 ＝ 485

一方，基幹的活動のために調達されている負債の総額は，貸借対照表の右側から該当する負債の残高を抜き出して合計すれば簡単に求められます。

基幹活動での調達額 ＝ 200＋55＋40 ＝ 295

必要運転資本は，基幹的活動の運用額から調達額を差し引いた分ですから以下のように求められます。

必要運転資本＝基幹活動での運用額－基幹活動での調達額
　　　　　＝485－295
　　　　　＝190

● 必要運転資本の増減を確認する

　以上のようにして当期の必要運転資本の総額が算出できました。

　ところが，当期の必要運転資本を求めただけではそれがキャッシュ・フローにどんな効果を及ぼすのかはわかりません。それを前期の残高と比較してはじめて手元の現金を増やす効果をもつのか，減らす効果をもつのかがわかるからです。

　では，先ほどと同じようにして前期の必要運転資本を算出してみましょう。

　基幹活動での運用額＝100＋90＋250＋20＝460

　基幹活動での調達額＝180＋50＋30＝260

　必要運転資本＝基幹活動での運用額－基幹活動での調達額
　　　　　　　＝460－260
　　　　　　　＝200

　これを，先に算出した当期の必要運転資本と比較すれば，前期から当期にかけての増減が求められます。

必要運転資本の増減＝当期必要運転資本－前期必要運転資本
　　　　　　　　＝190－200
　　　　　　　　＝－10

つまり，必要運転資本は10減少しています。

● キャッシュ・フローを算出する

ここまでくれば簡単です。

以下に再掲する算式にあてはめてキャッシュ・フローを計算すればよいのです。

キャッシュ・フロー算出の簡便法

キャッシュ・フロー＝当期純利益＋非資金費用－必要運転資本の増加分
　　　　　　　　　＝53＋12－（－10）
　　　　　　　　　＝53＋12＋10
　　　　　　　　　＝75

一見とらえどころのないキャッシュ・フローですが，このように順序立てて計算してみると案外単純な理屈の上に成り立っていることがおわかりいただけると思います。必要運転資本の増減による効果など慣れるまではピンと来ない部分もあるかもしれませんが，繰り返し見ていくうちに徐々に違和感がなくなります。モノにできるよう頑張ってください。

第7章

「グループの力」を見る

■ グループは全体をとらえる ■

おもに仮説をどう検証するかについての話です。この章では,「グループの力」という視点から検証の具体的手法を解説します。

1 なぜ見るのか

● 経済的な実態に合わせて

　最近では中小企業でも，傘下に複数の企業群を従えて経営活動を行っていたり，日本国外に工場を作ったりと大企業顔負けのダイナミックな活動を展開するところも珍しくなくなりました。中には，特定の分野で世界的な特許を獲得しグローバルな事業展開をしているケースすらあります。が，大多数の中小企業の場合には，ひとつの組織体で単独企業として活動しているケースの方が一般的です。

　一方，株式を上場しているような大会社の場合には，ひとつの企業が単独で経営活動を行うのでなく，むしろ複数の会社が企業グループを形成して活動するケースの方が普通です。まさに資本が法律的な形式にとらわれずに，国境を越えて自由に移動する時代です。ソニーやトヨタ自動車など，日本にもグローバルに事業展開する国際企業が少なくありませんが，今後もこの傾向にますます拍車がかかるものと思われます。

　ところで，これらの企業群はそれぞれ**法律的に独立してはいますが，経済的には一心同体**であることが少なくありません。つまり，**法律的な形式と経済的な実態が異なる**わけです。

　こうした企業グループの業績を見る場合，当然のことながら単独の財務諸表だけを見ていてもその実態がわかりません。個々の企業の活

動はグループとしての幅広い活動のごく一部にすぎないわけであり，その財務諸表もグループの経済活動のごく一部しか反映していないからです。例えて言えば，手や足，頭や内蔵などさまざまな部分から構成されている体の健康状態を見るのに，顔色だけを見てその人が健康かどうか判断できないのに似ています。

　親会社によって支配されているいくつもの関係会社の中から特定の1社だけを取り出しても，**どこまでがその会社の真の資産であり負債なのか，真の収益や費用はどれだけあるのかを判然とさせるのは困難**です。

　企業グループの財務諸表を連結させて見る必要があるのは，こうした理由によります。

国際的な流れ

米国では連結財務諸表しか正式な財務諸表として認められません。単独財務諸表は当該企業の財政状態や経営成績を的確に表示しえないため，投資家や債権者の役に立たないと見なされているのです。

日本では長い間単独財務諸表が重視されてきましたが，**2000年3月期から連結決算中心の制度に移行**し，今では決算といえば連結を意味するようになりました。**国際会計基準でも連結財務諸表が基本であり，連結ベースで企業業績をとらえることが世界的なスタンダードとして認知されています。**

② 基本を知る

● 財務諸表の連結処理について

「財務諸表を連結する」といっても，単純に複数の財務諸表の各勘定科目を合計するだけではありません。

親会社の子会社に対する売上は子会社にとっての仕入であり，親会社の子会社に対する貸付金は子会社にとっての借入金です。単純にこれらを合計してしまったら，逆に企業グループとしての経済活動の実態を反映しないことになってしまいます。親会社が製造した商品を子会社に対して販売しても，子会社の倉庫で在庫になっていたのでは商品の保管場所が変わったにすぎません。子会社がグループ企業以外に販売してはじめて，当該企業グループにとっての真の収益が計上できるわけであり，利益が得られたことになるわけです。

したがって，**連結財務諸表を作るさいにはこうしたグループ企業間での債権債務を相殺する作業が必要**になります。

正確には，当該企業間の資本関係（出資比率）により連結処理は微妙に異なります。

ここで「企業集団（グループ）」について確認してみましょう。次頁の図をご覧ください。

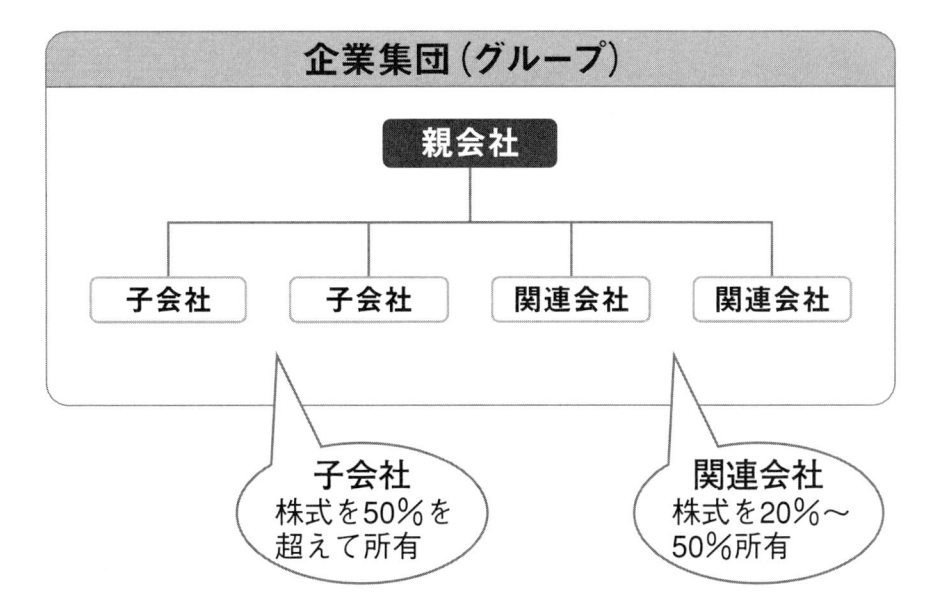

```
┌─────────────────────────────────────────┐
│           企業集団（グループ）           │
│                                         │
│              ┌─────────┐                │
│              │ 親会社  │                │
│              └────┬────┘                │
│          ┌───────┼───────┬───────┐      │
│     ┌────┴─┐ ┌──┴──┐ ┌──┴──┐ ┌──┴──┐   │
│     │子会社│ │子会社│ │関連会社│ │関連会社│ │
│     └──────┘ └──────┘ └──────┘ └──────┘ │
└─────────────────────────────────────────┘
```

　　　　　　　子会社　　　　　　関連会社
　　　　　株式を50%を　　　　株式を20%〜
　　　　　超えて所有　　　　　50%所有

　そもそも企業というのはそれぞれが独立した法人格をもっています。人間がひとりひとり人格を認められているのと同じイメージです。これは登記という作業で（商法上）法律的にも確認されます。

　ところが，「企業集団」にはこのような法人格が認められているわけではありません。商法上の登記も不要です。それは，親会社を中心とした資本の関係，つまり株式の所有という形で結びついたグループなのです。

　親会社が株式の過半数を所有していれば，明確な支配関係が生まれ「子会社」として扱われます。一方，株式の過半数を所有していなくても，20%〜50%を所有していれば密接な関係があると見なし「関連会社」として扱われます（ただし，2000年3月期から適用された新ルールでは「実質的な支配関係の有無」が連結対象の判断基準となるため，他にもいくつかの条件あり）。

処理の具体的方法を詳説することは本書のテーマに馴染みませんし，経理の実務担当者でもなければ覚える必要もありません。ただし，連結財務諸表を読むうえで処理の基本的な考え方を知っておくことには意義があります。同じ企業グループ内の企業でも，資本関係によって連結処理が若干異なるからです。

子会社については，**親会社との債権債務を相殺後，資産，負債，売上，仕入等すべての勘定科目を連結**します。グループ内企業間での取引を支店間の取引のごとくとらえ，**グループ外に取引が及んではじめて収益や費用の認識を行い，資産や負債に影響が及ぶ**と考えるわけです。

関連会社については，貸借対照表や損益計算書の勘定科目を合算するのでなく，**連結時点で親会社が所有する関連会社の株式の実質的な価値を加味して投資額を修正する方法**を採ります。親会社が所有する関連会社の実質的な価値相当額を「持分（もちぶん）」というのですが，入門レベルでは若干わかりにくい概念です。

要は，関連会社への投資額の含み益や含み損を明らかにして，それを決算に反映させるだけのことです。例えば，ある関連会社の株式を１千万円所有していたとします。連結時点でこの関連会社の業績が好調であれば，株式の価値を１千５百万円で評価し含み益を計上することもあれば，逆に業績不振で５百万円の価値しかないと見なし含み損を計上することもありうるということです。いずれにしても，子会社ほど直接的な支配が及んでいないという前提で，連結決算への反映のさせ方も間接的になっています。

このようにしてグループ内の取引を相殺することにより，グループ

企業間での架空売上の計上その他を排除することが可能となります。決算期の異なる子会社に売上を計上して，決算の数字を実態より良く見せるケースなど業績操作の手段として，グループ企業間取引を利用することが困難になるわけです。

　以前は連結対象を親会社の出資比率のみで規定していたため，経営不振のグループ会社への出資比率を下げることで連結対象から外すといった決算操作が可能でした。**現在では，グループ会社への出資比率が過半数を下回っていても，親会社が実質的にその会社の経営を支配していれば連結対象になります。**これにより，企業グループの**連結決算のさい恣意性の介在する余地が少なくなり，**グループとしての損益計算，財産計算がより実態に近いものになっています。

● 読み方の基本

でき上がった連結財務諸表の読み方，見方の基本は，単独財務諸表となんら変わりません。収益性であれ，流動性であれ，基本的な着眼点は本書の中で取り上げたとおりです。

ただし，**連結財務諸表はグループ全体の経営実態をとらえるうえで優れている半面，グループに属する個々の企業の業績が見えない**という欠点を併せもちます。連結財務諸表に示された数字は，グループに属する企業の合計値だからです。企業グループによっては，傘下にさまざまな業種の企業を抱えています。製造業から小売業，場合によってはサービス業までを傘下に抱えているケースも珍しくありません。このような場合，連結財務諸表にすべての関係会社の数字を凝縮することで，かえって経営実態が見えにくくなることもあります。そこで必要となるのが，「セグメント情報」です。

セグメント情報とは「部分情報」のことです。英語に馴染みのある方はピンと来ると思いますが，**英語で「Segment」とは部分，あるいは区画といった意味**を表わします。つまり，**連結することで見えにくくなる部分情報を明らかにするのがセグメント情報の役割**です。

具体的には，全体情報を次のようにセグメント（部分化）します。

> ## セグメントの仕方
>
> **1** 事業の種類別に売上高，営業損益，資産，その他の損益，減価償却費，資本的支出を示す
>
> **2** 会社の所在地別に売上高，営業損益，資産，その他の損益を示す
>
> **3** 海外売上高が連結売上高の10％以上をしめる場合，海外売上高および連結売上高にしめる海外売上高の割合を示す

　これにより，全体を構成する各部分の実態を把握することがある程度可能になります。しかしながら，この点でも日本の場合，米国のそれに比べ情報開示が充分とは言えず，今後開示内容のさらなる充実が期待されるところです。

　最後に連単倍率にふれたいと思います。
　日本ではこれまで単独財務諸表を中心に考えてきたため，企業の単独決算の数字と連結決算の数字を比べて，その結果を云々することが多々ありました。「A社の連結決算の経常利益は単独決算の何倍だから企業集団としての経営状態が良い」，逆に「B社の連結決算の経常利益は単独決算の数字を下回るから関連会社の経営がうまくいっていない」といった具合です。

ひとつの例として下の表をご覧ください。

損益計算書

株式会社たまごCLUB

（単位：百万円）

	単体	連結	比率
売上高	4,470	5,182	1.16
売上原価	4,050	4,486	1.11
売上総利益	420	696	1.66
販売管理費	358	567	1.58
営業利益	62	129	2.08
営業外収益	162	164	1.01
営業外費用	36	54	1.50
経常利益	188	239	1.27

この表から次のようなことがわかります。

1．連結した売上高は単体のそれに比べ16％多いだけだが，連結売上総利益は66％の高水準にある。
2．連結販売管理費も単体のそれに比べ58％上回っているが，連結営業利益は約2倍になっている。
3．営業外収益は連結してもほとんど増えていないが，連結営業外費用は単体のそれに比べ50％も上回っている。
4．結果として，連結経常利益は単体のそれに比べ27％増えている。
5．これらのことから以下の点が想像される。
　　・親会社は相当強固な財務体質をもつ成熟企業である。

- 配下に優良な子会社群を抱え，それらの子会社は競争力のある高利益商品群を有している。
- 成長途上にある子会社が多い。
- それら子会社の資金需要は高く，相応の資金調達を行っている。
- 親会社の強固な財務基盤をベースに，子会社を通じて多角的な経営活動に従事していることが想像され，企業グループとしては良くバランスが取れている。

しかしながら，これは本来企業集団の一部分にすぎないものをあたかも独立した企業体としてとらえ，それを中心に全体とのバランスを眺めているにすぎません。決して意味のないことではありませんが，今後連結決算をベースに企業業績をとらえることが一般化すれば，こうした見方（連単倍率を経営指標としてとらえる方法）の意義は薄れるでしょう。会計制度の変化とともに，グループ経営のあり方を連結中心に考えざるをえなくなるからです。

全体としての連結財務諸表を前章までの手法で分析した後，業績の因果関係を調べるために，グループに属する企業群の業績をセグメント情報から拾っていくイメージです。経済的には一心同体である企業群の業績をひとつの固まりとしてとらえ，その後で各企業の効率性その他を見ていく感じです。単独企業の業績の因果関係を見るさいに，企業全体の業績をつかんだあと，部門毎の業績を追っていくのと同じことです。

3 他の留意事項を知る

● 連結の「特例会社」に注意する

　親会社が株式の過半数を所有していれば「子会社」として扱われ，連結の対象となることはさきに見たとおりです。つまり，親会社と当該子会社との債権債務を相殺後，資産，負債，売上，仕入等すべての勘定科目を連結するのが処理の基本でした。グループ内企業間での取引を支店間の取引のごとくとらえ，グループ外に取引が及んではじめて収益や費用の認識を行い，資産や負債に影響が及ぶと考えるわけです。

　ところが，実際にはこの例外とされるケースがいくつかあります。

　そのひとつ目は，**連結対象の「重要性」の判断によるもの**です。

　先に見たとおり，ひとくちに「子会社」といっても，その中身はさまざまです。製造業，小売業，あるいはサービス業などさまざまな業種が含まれることがあるばかりでなく，その規模もまちまちです。売上高の規模が親会社の資本金の1％にも満たないケースもあれば，親会社の売上高とあまり変わらないケースなど，その実態は実にさまざまです。

　本来は当該子会社の規模の大小にかかわりなく，すべての子会社を連結してグループとしての経営の実態を内外の利害関係者に示すことが望ましいのですが，親会社の規模との見合いで連結表示を免除される場合があります。つまり，売上高などの規模が親会社を中心とする

連結グループのそれに比べて一定の比率以下であれば，連結してもしなくても「グループの経営実態」を把握するうえでは影響が小さいと判断される場合です。

具体的には，**当該子会社の総資産，売上高，利益額**などについて，親会社を中心とする連結グループ全体の3～5％以下であれば，連結する「重要性」が乏しいと判断され，連結対象から外すことが可能です。

ふたつ目の例外は，**連結対象として「不適当」な会社**です。

「不適当」と判断されるケースは，大きくふたつに分かれます。「不適当」なひとつ目は，**当該子会社が破産状態にある場合**です。連結の時点で更生会社であったり破産会社であるケースであり，連結することでかえってグループ全体の経営の実態が見えにくくなる場合です。このようなケースは連結から除外する方が合理的であり，連結対象から外されます。

「不適当」と判断されるふたつ目は，**為替制限の厳しい国に存在する海外子会社**です。

海外子会社は原則としてすべて連結の対象となりますが，配当などの送金を自由に行えない国に存在する海外子会社を連結してしまうと，かえってグループの経営の実態がわかりにくくなる場合があります。実際には自由にならない利益金をあたかも処分可能なように表示することで利害関係者の判断を歪めてしまうことになるからです。

したがって，為替制限の厳しい国に存在する子会社を連結してしまうと，グループの経営実態を云々する前に財務諸表そのものが信頼性を欠いたものになってしまいます。そこで，こうした国に存在する子

会社は連結対象として「不適当」と判断され，連結対象から外されます。

　厳密には先進諸国の間でも会計基準の違いが大きいため，先進国に存在する海外子会社の連結作業にも問題がないわけではないのですが，細かくなりますのでここではふれません。

● 連結の「時差」に注意する

　単独決算であれ連結決算であれ，「経営成績は『一定期間』で測定し，財政状態は『一定時点』で測定する」というのが会計の大原則です。したがって，連結の対象となる子会社は親会社と同じ決算期間であることが基本です。

　しかしながら，海外に存在する子会社の場合，財務諸表そのものが現地の言語で作成されるうえ上述のような会計制度の違いもあるため，連結の実務作業に多くの時間を要します。そこで，海外の子会社については，**制度上許されている「連結の時差」を活用している**ケースが少なくありません。

　現行制度では，**連結作業において3ヶ月までの「時差」が許されて**います。つまり，親会社の決算日が3月31日の場合，当該子会社の決算日が前年の12月31日までであれば連結作業上問題ありません。実際，日本の決算日は年度末の関係もあって3月31日であることが多いのに対して，海外の場合はカレンダーイヤーの最終日である12月31日としているケースが多いようです。

　このように，連結決算とは言っても，厳密には「時差」が存在する場合があることを知っておく必要があります。

● 連結の「中身」に注意する

　先に為替制限の厳しい国に存在する子会社を連結から外す場合があることにふれました。これはそうした子会社を連結することでかえって財務諸表としての信頼性を歪める結果となるためでした。

　一方，日本国内に存在する子会社はすべて日本の会計基準にしたがっているわけであり，こうした信頼性の問題とは無縁であると言えるのでしょうか。

　残念ながら，答えはノーです。

　本書の中でも何回か指摘した会計制度上の矛盾により，いくつかの問題を抱えているからです。

　もっとも大きい問題は，現行会計制度で代替処理が認められている取引が複数存在することです。例えば，有形固定資産の減価償却方法の選択の問題です。同じような固定資産を減価償却するさい，親会社が定額法を採用している一方で，子会社は定率法を採用しているようなケースは珍しくありません。

　連結決算が基本になっている米国などと違い，日本の場合は長い間単独決算が基本であったため，資本の繋がりがあっても個々の会社は独立法人として独自の経営風土を築き上げているケースが多いという事情もあるのでしょう。法的にも連結グループという法人格が認められているわけではないので，それぞれの会社は属する業界の事情等も考慮しながら，個々の取引について独自の会計基準を採用している場合が少なくありません。

　日本でも2000年からは連結決算が基本となり，こうした慣行も徐々に変わってきていると思われます。現在の制度では親子会社それぞれ

が異なる会計基準を採用している場合には，連結財務諸表を作るさい，その差異を修正することが原則となります。

　連結の中身そのものにも注意が必要です。
　特に，**連結に含まれる会社の内容の「継続性」については注意が必要**です。グループ全体の売上高や利益額の推移，あるいは伸び率などを見るさい，**各決算期に連結の対象となった会社の中身が変わっていたのでは比較可能性が損なわれる**からです。
　前期までは子会社として連結の対象となっていた会社に対する持ち株比率が低下したために，当期は連結から外れていたなどというケースは珍しくありません。逆に，企業買収や増資などにより前期までは連結の対象になっていなかった会社が，当期は連結の対象となるケースもあるでしょう。このような場合，連結決算の結果を単純に期間比較したのでは，グループとしての経営の実態を見誤ることになりかねません。
　連結の「中身」に注意が必要なのはこのような理由によります。
　連結財務諸表を見る場合には，連結の内容に変更がありうるということを念頭において，**必ず各期の連結対象会社の内容を確認しながら期間比較を行うようにしたい**ものです。

第8章

作業をふりかえって

仮説と検証以外の話です
この章では，経営分析をするさい
知っておいた方がよい点をいくつ
か紹介します。

1 モノサシのあるべき姿

● 時代とともに変わるモノサシ

　企業の業績を測るモノサシは時代とともに変わります。

　経済が右肩上がりで拡大していた時代には売上規模や利益額を示す指標が重視された半面，資本効率を示す指標は軽視されがちでした。経済全体の規模が拡大している間は多少高めの利子率で負債を増やしても，結果的に負債の調達コストを上回る利益が比較的容易に確保できたため，資本の投下効率に目がいきにくい面がありました。

　特に戦後の焼け野原から急速に経済の再建が図られた日本の場合，規制管理下で低金利の資金が銀行に集まるシステムが成立したうえ，保護主義的な産業政策がとられたため，大多数の日本の企業にとって比較的事業リスクの少ない成長機会が存在する時代が長く続きました。このような環境下にあっては，資本の投資効率を云々する前に，いかにして急速な成長を支えるための資金を確保するかが最大の関心事であり，経営指標としても市場占有シェア，売上規模などが重視されました。「成長のチャンスを確実にモノにしているかどうか」に目がいっていたわけです。

　ところが，1970年代に入ると売上げや資産の伸びはそれほど低下しない一方で，それまでのような高い利益率を確保するのが難しい状況が生まれ，日本企業の負債比率の悪化が進みました。この間も「メインバンク制」という独特の間接金融制度のもと比較的安定した形で

資金供給は続けられたものの，財務構造の安定性，資本構造の適否といったことが経営指標としてクローズアップされるようになりました。

同時に，石油ショックによってもたらされた高金利は多くの経営者に借金過多経営の危うさを痛感させ，有利子負債の圧縮，総資産の圧縮が大きな経営課題となりました。結果として，総資産回転率は徐々に改善に向かうわけですが，こうした状況に立ち至ってようやく投下資本効率が見直されるようになったのです。

このように，**経済や社会の変化とともに，重視されるモノサシ（指標）は変わります。**

金融業界に代表される規制緩和の流れは，進展する経済のグローバル化とも相まって，経営指標のグローバル・スタンダード化を否応ない ものにしています。企業に投資する投資家にとっても資本市場から資金調達する企業にとっても，時間的制約や国境のような物理的制約は形骸化しつつあります。これは，インターネットの社会へのさらなる浸透により今後ますます加速するでしょう。

こうした中にあっては，これまでのように日本の経済社会事情との関連のみならず，地球規模で経営の環境変化をとらえる必要があるばかりでなく，国際的に求められる経営指標の改善に目配りしながら経営の舵取りを行わざるをえません。まさに，**経営指標のグローバル・スタンダード化**です。

特に日本では，独特のコーポレート・ガバナンスの実態，すなわち株主よりも社員や役員を重視する経営風土や，企業間の「株式の持ち合い」という独特の商慣行とも相まって，長く株主軽視の経営が続い

てきました。しかしながら，海外で資本調達をしたり，日本の市場で海外の投資家から資金調達をしようとすれば，当然のことながら日本の独自性を云々言っていられません。海外の投資家が納得する指標を高める以外に方法がないわけです。

　こうした中，最近は株主資本に対する利益率であるＲＯＥなどとともに，キャッシュ・フロー等**「より操作の余地が少ない指標」が重視される傾向**にあるようです。指標の主たる対象もさることながら，「経営の実態をよりリアルに示す指標の方が信頼性が高い」という至極当たり前の理由によるものです。

　いずれにしても，会社の業績を測るモノサシは経済・社会といった環境の変化に応じて変わります。

● 業容によって変わるモノサシ

　企業の業容によってふさわしい指標が異なることも頭に入れておく必要があります。すべての企業に有効なモノサシもないわけではありませんが，当該企業の事業内容，運営形態，規模その他によってふさわしいモノサシが変わる場合も少なくありません。

　電力会社や石油化学会社など多額の固定資産投資が必要な業種と，人材派遣業やコンサルティング業など少額の固定資産投資で済む業種では，財政状態の判断基準が異なって当然ですし，小売業などのように日銭が入る業種と，建設業のように請負業務の完了に長い年月を要する業種では，資金状態の判断基準が異なって当然です。

　また，同じ業種の製造業でも，「ファブレス」（自社工場をもたずにすべて外注生産を行う業態）を基本とする企業と，一から十まで自社工場で生産を行う企業の生産性を同じ基準で判断するのは無理があります。

　さらに，会社の規模や株式を公開しているか否かによっても，重視される指標に違いは生じます。いくら「株主重視の流れ」といっても，日本のみならずニューヨークやロンドンでも上場している世界的大企業と，会社のオーナーが社長を兼ねる未上場の小さな会社とでは，ＲＯＥのもつ意味合いは異なります。

　経営の外部環境，当該企業の事業内容，運営形態，規模その他の条件を見極めつつ，その企業にもっともふさわしいモノサシを選ぶ配慮を怠らないようにしたいものです。

● モノサシはひとつだけでない

　ひとつの指標だけで企業の業績を判断する愚は言うまでもありません。これまでの章でも繰り返し指摘してきたとおり，**常に複数の視点から多面的に検証することが大切**です。

　本書の中でもっとも最初に取り上げた指標であるＲＯＥひとつをとっても，株主資本に対する利益率という一面だけをとらえれば「株主への利益還元余力」を示す指標とも言えますが，使用総資本との兼ね合いで別の面からとらえると，「自己資本よりも借金に頼って事業を拡大した方が数字が改善する」面がないわけではありません。

　当該企業のおかれている状況によっては，有利子負債の圧縮を急いだ方がすべての利害関係者にとってプラスの場合もありえます。

　一方で，ＲＯＥを短期的に改善させる手法のひとつに自己株式を買入消却（結果的にＲＯＥの分母である株主資本が小さくなるため，利益が横這いでもＲＯＥは改善）する方法があります。

　この手法にしても，当該企業のおかれている状況によっては，事業活動の結果獲得した資金を次の有望市場の開拓に回した方が，長期的にプラスである場合も考えられます。属する業界が成長過程にある企業の場合，ＲＯＥばかりに目を奪われて縮小均衡に陥らぬよう「成長性」も考慮可能な指標との併用が望ましいこともあるでしょう。

　特に，米国企業のようにレイオフなど大胆な経営合理化策が取りにくい日本企業の場合，雇用維持との兼ね合いから簡単に縮小均衡を目指せない場合も少なくありません。

　ひとつのモノサシだけを万能薬のごとく振りかざすことには**危険が伴う**ことを，改めて肝に銘じておきたいものです。

第 8 章　作業をふりかえって　215

② 分析の限界を知る

● 制度としての限界

　第5章「財産の中身を見る」の中でも指摘したとおり，財務諸表はもともと恣意性の問題と無縁ではありません。財務諸表を作成するためのルールである企業会計原則や税金を計算するためのルールである法人税法が，その処理方法にいくつかの選択肢を認めているためです。

　しかしながら，日々多種多様な出来事が積み重なって形作られる企業の経営成績や財政状態を，客観的かつ公正に測定し記録するためのルール作りが容易な作業でないのも事実です。そもそも市場経済の中でモノやサービスの価値を評価するのは簡単なことではないのに加え，昨今は物事の変化のスピードが格段に早まっているからです。

　企業活動を記録するための標準言語である「複式簿記」は今から約500年前にイタリアで考案された非常に優れた仕組みですが，その運用ルールである「会計原則」にはさまざまな面で制度的な限界があると言わざるをえません。

　以下の部分で，もう少し具体的に見てみましょう。

● 時代の変化に追いつけない

　「ドッグイヤー」あるいは「ドッグタイム」（人間の7倍の速度で加齢する犬の体感速度に例えて変化の速度が早いことを示す表現。かつて1年かかっていたことが2ヶ月足らずで可能になった時代を象徴する言葉）などと言われるように，今の世の中は著しく早いスピードで変化しています。これは進展するデジタル革命や規制緩和策の広がりによって，今後ますます加速することでしょう。

　こうした中，企業が提供する商品やサービスの内容はどんどん複雑になっています。象徴的なのは金融の分野であり，ビッグバンに代表される規制緩和や経済のグローバル化の中，「デリバティブ」と呼ばれるさまざまな金融商品が市場を賑わせています。こうした新商品は，多種多様な従来商品の部分部分を複合的に組み合わせてリスクの幅を調整したり，為替相場や株式相場の結果など複雑な条件設定を絡み合わせたりしているため，収益や費用の測定が困難である場合が少なくありません。

　また，規制緩和や経済のグローバル化は取引の時間的制約や物理的制約をなくすことにより，各取引の期間対応や経済的便益を受ける対象の特定を困難にしています。

　このようにますます加速する経済社会の変化，企業活動の変化に会計のルール作りが追いついていかない状況が生まれています。**世の中の変化のスピードが早すぎてルール作りが追いつかないわけです。**

● グローバル化の中での限界

「グローバル・スタンダード」という言葉が，最近の新聞や雑誌の紙面を賑わしています。「地球規模で通用する基準」といった意味で使われていることが多いようですが，会計の世界でも今まさにグローバル・スタンダードの制定が進行しています。

国際会計基準（旧IAS：International Accounting Standards，現在ではIFRS：International Financial Reporting Standards－国際財務報告基準と訳されています）がそれであり，大部分の規程が完成し2005年からはEUの上場会社に適用されるなど利用が進んでいますが，一部の規程については制定作業が続いています。制定作業の遅れは，先にふれたような事情もあって金融商品をめぐる基準などの制定に予想以上に時間を要していることもあるのですが，**言語のみならず資本主義の浸透度合いや経済の成長ステージが異なる国々がお互いに納得し，かつ実効性のある基準を作ることがいかに難しいかという本質的問題**にも起因しています。

長い期間異なる母国基準を採用してきた国々を統一ルールにしたがわせることを優先すれば，作られるルールはどうしても大多数が受け入れやすい内容，すなわち複数の代替処理を認めた基準になりがちです。

しかしながら，複数の代替処理が認められてしまうと，統一基準にしたがって作られた財務諸表といっても，相互の比較可能性は低くならざるをえません。代替処理によって同じような取引の測定結果が異なってしまう場合があるからです。

一方，理想の姿を優先して代替処理を認めない内容の厳しい基準と

すれば，受け入れる国が減ってしまうというジレンマを抱えるわけです。

国際会計基準制定の歴史は，結局のところ**基準の普及性を優先させるか理想を追い続けるかの綱引きの歴史**だったとも言えます。当初は基準の普及性を優先して緩やかなルール作りが行われていたのですが，**1980年代の後半頃から徐々に統一ルールの「比較可能性」がより重視されるようになりました**。代替処理を多く認めた内容ではグローバル・スタンダードとしての実効性が乏しいことを多くの国々が痛感したからです。

また，米国のように国際会計基準の内容以上に厳しい基準を採用している国にとっては，普及性を優先しすぎた内容では逆に受け入れにくいといった事情もありました。

このように，経済の発展ステージが異なる国々が受け入れられる会計制度を作るだけでも難しい作業であることに加えて，それぞれの国々がこれまで異なる基準で会計処理を行ってきたことが，国際基準の制定作業をより複雑にしています。

また，国際基準制定後，言語や文化の異なる国々で当該基準の正しい運用が行われるよう「基準の解釈指針」も含め，比較可能性を高める努力が精力的に続けられているのが現状です。

③ 本質を理解する

● 企業活動の本質を理解する

　これまで見てきたような分析のテクニックを学ぶことも大切なのですが，企業活動の本質を理解しておくことは，ある意味でそれ以上に重要です。

　経営分析とは，「企業活動の本質に照らして当該企業が合理的な経営を行っているかどうかを判断する」こととも言えるからです。

　では，企業活動の本質とはいったいなんなのでしょう。

　もっとも一般的な株式会社を基本に考えた場合，それは「資本の増殖活動」と言えます。これまでも繰り返し見てきたとおり，企業の経営活動とは，つまるところ「投下した資本（元手）をいかに効率よく回収するか」ということであり，「回収した資本（元手）を再投資してさらに大きな資本（元手）にする循環活動」と言えます。資本を循環させながらいかに増殖させていくかというゲームであり，貸借対照表の右側の調達資本が左側で運用され，再び右側に戻ってくるサイクルが繰り返されるイメージです。これを効率的かつ合理的に，そしてフェアに行った人がゲームの勝者となれるわけです。

　この基本，すなわち企業活動の本質が頭にたたき込まれていれば，ゲームの結果が凝縮されたデータである財務諸表の読み方，着眼点，見る優先順位といったことは，おのずと明らかです。

　こうした企業活動の本質を頭に入れたうえで，当該企業の業績を

時々の経済や社会の大きな動きと照らし合わせて見れば，着眼点は考えるまでもなく見えてくるからです。

● 経済社会の変化を見失わない

　企業活動の本質を理解することと同じぐらい重要なのが,「経済社会の大きな流れを見失わない」ということです。

　財務諸表に現れる多くの矛盾や,会計数値と実態との乖離は,経済社会の大きな変化に起因することが多々あるからです。

　長い間新聞紙面で大きな話題となっている不良資産の問題ひとつをとってみても,バブル経済の崩壊による不動産価格の暴落による影響によるものが大半です。「不良資産」とされている物件の中身を見てみれば,実際には不良でもなんでもなく一等地の素晴らしい物件も少なくありません。問題なのは,当該資産を本来あるべき水準以上の価格で取得してしまったために,含み損を抱えて売るに売れず塩漬け状態になっているだけのことです。調達した資本を利回りの低い資産で運用しているというレベルを超え,利回りがマイナスになってしまっているケースです。不動産の売買を本業にしている会社がこのような状態に陥った場合はやむをえないとしても,バブル経済真っ盛りの頃は不動産の売買を本業としない会社も目先の高収益に目がくらみ,こぞって本業以外の方法で多額の資本を運用しようとしたために起きた悲劇です。

　また,毎年3月の年度末が近づくと話題になる株式相場の水準にしても同じことが言えます。株式の運用を本業とする企業以外でも,多くの企業が多額の資金を株式で運用しているため,毎年3月になるとその相場水準が話題に上るわけです。株式市場が低迷すると,低価法で有価証券を評価している企業の業績に及ぼす影響が大きいからです。

しかしながら，こうした慣行も経済のグローバル化の中でコーポレート・ガバナンスのあり方が株主重視の方向に向うと，おのずと見直されざるをえません。資本の運用効率という視点から見た場合，一般の事業会社にとって資本の株式市場での運用は必ずしも効率的とは言えないばかりか，運用リスクも小さくないからです。

低成長化での事業運営ということを考えた場合，本業以外での資金運用は自らの資本調達バランスも考え合わせながら，慎重に判断する必要があるのでしょう。

このように経済社会の大きな流れが頭に入っていれば，財務諸表を見たときの着眼点の優先順位はおのずと明らかになることが少なくありません。不動産価格が大きく下落した直後であれば，「多額の資金を不動産で運用していないか」といった点の確認が必要ですし，株式市場が低迷している環境下であれば，「株式投資に多額の資金が振り向けられていないか」といった点の確認が求められるわけです。その結果，多額の資金がそれらに振り向けられていれば，当然のことながら，その中身をよく調べる必要が生じることになります。

また，最近のように社会の変化のスピードが早い時代には，会計制度が社会の変化に追いつかないために起きる矛盾も少なくありません。デリバティブをはじめとする金融商品はその代表的な例です。デリバティブのように複雑な金融商品は会計処理基準の制定が実態に追いついていません。結果としてその債務や損失を適切に財務諸表に表示できないため，ある日突然多額の損失が明らかになるといったことが起こりえます。

もちろん，取引の実態を財務諸表にどう表示するかという問題以前に，企業として株主から預かった資本をどう運用すべきか，その運用状況を関係者にどう開示すべきか，という倫理的な問題の方が先に立つわけですが……。

　いずれにしても，**企業活動の本質と経済社会の大きな変化が理解できていれば，財務諸表の表示内容と実態との乖離が起きやすい部分も自然と想像がつくようになる**はずです。経済社会の大きな流れを見失わないよう常日頃から注意したいものです。

　このことは，これまで見たようなマイナス面の確認だけでなく，当該企業が将来を見据えて「経済構造の変化にどう対応しているか」を確認するうえからも必要です。企業を評価するさい，目先の収益性や収益構造の確認も大切ですが，社会や経済の大きな流れにどう対応しようとしているのか，といった視点からの検証も欠かせません。

　変化をどのようにとらえ，それに対してどう対応しようとしているのかが，当該企業の将来性や企業価値を測るうえにおいてはとても重要だからです。

④ 習うより慣れろ

●「覚える」のでなく「慣れる」

　簿記や財務諸表の学習と同じように，経営分析の学習においても「習うより慣れる」という姿勢が大切です。

　特に「財務諸表を読む」という作業においては，「覚える」というより読むことに「慣れる」ことがとても大切です。読むべきポイントをある程度身につけたら，ひとつでも多くの財務諸表，分析事例に接して作業に慣れることが上達の近道です。多くの事例にふれることで，分析力は自然と高まるからです。

　最初にも指摘したとおり，つまるところ「いかに楽をして企業の実態をつかむか」が経営分析の鍵であり，このためには多くの事例にふれる必要があるのです。それにより，「見るべきポイント」やその優先順位が自然と身につくからです。

　本書で分析の基本が身についたら，ひとつでも多くの分析事例にあたってみてください。

●「苦しむ」のでなく「楽しむ」

これはすべての学習に共通することです。

「好きこそものの上手なれ」という言葉もありますが，物事を効果的に学習するうえでは「楽しむ」姿勢がとても大切です。最初から好きになることはできなくても，「企業を見る目を養う」という前向きな姿勢で臨めば道は必ず開けます。逆に，「つらい」「苦しい」という気持ちで取り組んでいては長続きしません。

財務諸表は情報の宝庫です。宝探しでもするような軽い気持ちで，「経営分析」を大いに楽しんでみてください。

あ と が き

　「なぜ」という点にこだわって全体を構成したつもりですが，本書の試みが充分成果を発揮できたか若干不安です。実際にお読みいただいた方が，「なぜ，そうした視点からの検証が必要なのか」を深く認識し，独自の分析手法を確立する礎(いしずえ)を築く一助となれば，本書の試みはある程度実を結んだと言えます。

　「まえがき」でもふれたとおり，経営分析の上達には数多くの事例を実際に経験することが不可欠です。「なぜ」という点を中心に骨格部分の理屈がわかったら，出来るだけ多くの分析事例にあたってみてください。

　「実例にあたるのは精緻な理論を体系的に身につけてから…」などと思っていると，いつまでたっても実例にあたるチャンスがやってきません。あまり硬く考えずに，気軽な気持ちで分析を楽しむことに努めてください。

　本書を執筆するにあたっては，株式会社税務経理協会の取締役出版部長である川松和夫氏，書籍編集局の岩渕正美さんならびに清水香織さんにたいへんお世話になりました。心より感謝いたします。

　また，本書のために鳥のイラストを描いてくださった平澤まりこさん，素敵な作品をありがとうございます。堅苦しい内容の合間に安らぎを与えてくれるイラストで，とても気に入っています。

　最後に，本書の執筆を常に暖かい眼差しで見守ってくれた家族，特に，最近は父親がパソコンの前で作業することに少しずつ理解を示し

てくれるようになった長男の陽太郎，いまだパソコンのキーボードをおもちゃと信じて疑わない次男の敬次郎，家族と過ごす時間が削られることを嘆きながらも，執筆中は暴れん坊兄弟をさりげなく遠ざけて作業に協力してくれた妻の美江に，この場を借りて感謝します。

　　　1999年8月

　　　　　　　　　　　　　　　　　　　　　　　　　小　田　正　佳

　本書の刊行から6年，今回の改訂にあたってその間会計基準が大きく変わったことを実感しました。それと同時に，経営分析に対する小田さんのアプローチが現在でもきわめて有効であり，基本が確かなこともあらためて感じることになりました。
　経営分析というものは，ともすると様々な数字を計算することが主になりがちです。それだけではなく元となる数字について隠された事情を踏まえたうえで理解をするという切り口は，現実が複雑になっていく中でますます重要になっています。本書がそうした考え方の理解への一助となれば，小田さんの志を継ぐ者としてこれに勝る喜びはありません。

　　　2005年5月

　　　　　　　　　　　　　　　　　　　　　　　　　大　場　潤　一

著者紹介

小田　正佳（おだ　まさよし）
1959年東京都生まれ。1982年早稲田大学政治経済学部経済学科卒業。同年大阪商船三井船舶株式会社に入社。北米部，米国勤務等を経て，1989年株式会社ニコルに入社。ライセンス・ニコルスポーツ事業部長，経営企画室長，取締役管理本部長，常務取締役，代表取締役社長を経て，2004年(有)たまご工房設立。実業界に長く身をおいた経験に基づく独自の視点で会計・投資知識などをわかりやすく伝えるコンテンツ制作，セミナー，講演，コンサルティング活動などに従事。
2004年没。
中小企業診断士。米国公認会計士（Certificate）。
主な著作に「資金を重視した経営分析〔改訂版〕」（共著），「経営分析の卵」，「ビッグバンの卵」，「米国会計の卵」（共著），「会計制度改革の卵」，「新世紀版　簿記の卵」，「個人投資家の卵」，「日本経済の卵」，「新　財務諸表の卵」，「新　管理会計の卵」（編著），「新　キャッシュフローの卵」（以上，税務経理協会），「よくわかる国際会計基準」（共著，中央経済社）等がある。

著者との契約により検印省略

平成17年6月15日　初　版　発　行

新　経営分析の卵
―入門書を読む前に読む本―

著　　者　小　田　正　佳
発 行 者　大　坪　嘉　春
整 版 所　株式会社マッドハウス
印 刷 所　税経印刷株式会社
製 本 所　株式会社三森製本所

発　行　所　東京都新宿区下落合2丁目5番13号　株式会社　税務経理協会
郵便番号161-0033　振替 00190-2-187408　電話 (03) 3953-3301 (編集部)
FAX (03) 3565-3391　(03) 3953-3325 (営業部)
URL http://www.zeikei.co.jp/
乱丁・落丁の場合はお取替えいたします。

Ⓒ　小田正佳　2005　　　Printed in Japan
本書の内容の一部又は全部を無断で複写複製（コピー）することは，法律で認められた場合を除き，著者及び出版社の権利侵害となりますので，コピーの必要がある場合は，予め当社あて許諾を求めて下さい。

ISBN4-419-04518-3 C0034